Fingerfood

VOLKER BEUCHERT
NIKOLAI WOJTKO

Fingerfood

ÜBER 200 PROFIREZEPTE FÜR ALLE ANLÄSSE

FOTOGRAFIE: THORSTEN KLEINE HOLTHAUS

MATTHAES

Volker Beuchert

FINGERFOOD – ELEGANT, VOLLER GESCHMACK UND FINESSE

Verspielt. Vielseitig. Verführerisch.

Warum ich für dieses Thema brenne? Ganz einfach: Fingerfood fordert mich als Koch heraus. Denn das Thema lebt von überraschenden Kombinationen und bewährten Geschmacksmustern. Und Fingerfood ist ein kulinarischer Alleskönner, nicht nur ein Allrounder. Denn richtig eingesetzt kann Fingerfood alle Wünsche erfüllen. Von einfach bis elegant: Fingerfood eignet sich für eine ungezwungene Gartenparty ebenso wie für einen Galaempfang. Von herzhaft bis süß, von schlicht bis opulent. Dabei passt Fingerfood zu allen Gelegenheiten, zu jeder Location und versteht es, mit Spaß und Geschmack allen Gästen zu gefallen. Im Detail sowie im Ganzen. Fingerfood besticht bei jedem Bissen durch aromatische Fülle, anregende Abwechslung und Vielseitigkeit. Wichtiger noch: Sobald man sich mit diesen kleinen Gaumenschmeichlern beschäftigt, wecken sie Assoziationen, Erinnerungen und kulinarische Ideen. Die Vielzahl der in diesem Buch beschriebenen Möglichkeiten bietet eine fundierte Basis, um eigene Ideen auszuprobieren. Sei es durch neue Varianten in der Zusammenstellung, durch Abwandlung von Rezepten oder durch Komponenten nach persönlichen Vorlieben.

Als Koch und Geschäftsführer von Kirberg Catering beschäftige ich mich professionell mit diesen Appetizern, die man so wunderbar einsetzen kann: Klein, verführerisch und immer wieder für eine Überraschung gut – im aromatischen Sinne des Wortes. Abgesehen von den immer wieder gerne gesehenen zeitlosen Klassikern haben sich die Zubereitungen wie auch die Formen der Präsentation verändert. Das liegt in der Fingerfood-Natur. Denn man greift gerne auf Bewährtes zurück, möchte seine Gäste aber gleichzeitig kulinarisch überraschen. Die hier versammelten Rezepte bieten für alle Wünsche die passenden Antworten.

FINGERFOOD – DIE ESSENZ DES KOCHENS

Für mich ist Fingerfood die Essenz des Kochens: Alle Aromen eines Tellers verdichtet in anregend präsentierter kleiner Form. Und genau hier liegt auch der Gewinn, denn mit den in diesem Buch angebotenen Ideen und Rezepten möchte ich gerne alle ansprechen: vom ambitionierten Laien bis zum interessierten Profi. Aus eigener Erfahrung weiß ich, dass es beim Thema Fingerfood stets neue Dinge zu entdecken gibt, und gerade diese Fülle an immer neuen Ideen macht das Thema Fingerfood ja so spannend. Ich habe versucht, alle unterschiedlichen Bereiche zu berücksichtigen. Für jeden Geschmack, gleich ob handwerklich anspruchsvoll, einfach und schnell oder als passgenaue Mischung. Hier wird jeder fündig.

Die Arbeit an diesem Projekt hat eine Menge Spaß gemacht. Besonders, da ich hier all meine Fingerfood-Lieblinge versammelt habe und für mich immer wieder neue Antworten darauf gefunden habe, was die Essenz des Kochens ist. Nun wünsche ich viel Spaß und eine genussvolle Lektüre.

FINGERFOOD – NEXT GENERATION

Ein grandioses Buch zu Fingerfood? Und ich bin nicht der Autor? Wurde aber auch Zeit! Im Ernst: Ich freue mich sehr über dieses Buch. Und ich freue mich noch mehr über diesen Autor. Denn Volker ist nicht nur seit langem ein guter Freund und geschätzter Kollege, sondern auch ein wunderbarer Gesprächspartner, mit dem ich mich gerne über neue Ideen austausche. Und kein Koch ist so mit dem Thema Fingerfood verwurzelt wie er. Seit nunmehr 30 Jahren gehört Fingerfood in all seinen Formen zu seinem professionellen Alltag. Regelmäßig stellen ihn seine Kunden und Gäste vor neue Herausforderungen, für die Volker immer wieder Lösungen findet: Passgenau. Durchdacht. Überraschend. Grandios.

Fingerfood verbindet zwei scheinbare Gegensätze: Das Natürliche, wie Obst direkt vom Baum gegessen, und die Finesse, die es versteht, Klassiker der Kochkunst neu und ansprechend auf kleinstem Raum zu präsentieren. Fingerfood ist dabei immer mehr als nur ein belegtes Brot, ein Happen oder ein Häppchen. Was es alles ist und mehr noch, was es alles sein kann, zeigt dieses Buch.

Dabei punktet Fingerfood besonders, wenn man den Blick auf das Detail und seine Verbindungen richtet: Die Konzentration auf die Aromen sowie eine klare Struktur des Geschmacks und der Präsentation. Im besten Falle geht es dabei um das Glück und die Zufriedenheit, die sich einstellt, wenn sich ein perfekter Geschmack in Genuss am Gaumen verwandelt. Und genau darum geht es: Fingerfood, das glücklich macht. Zu jeder Gelegenheit, an jedem Ort und immer wieder neu. Denn Fingerfood ist ein Pulsmesser unserer Ansprüche, unseres Wissens um Bewährtes und unserer Suche nach innovativen Ideen und Impulsen.

Ich kann mich noch sehr gut an mein Buchprojekt »Fingerfood« erinnern. Dem Buch war übrigens ein großer Erfolg beschieden, es wurde ein Klassiker. Ich habe durch dieses Buch nicht nur eine Menge zum Thema gelernt, sondern gleichzeitig viele Ideen für weitere Buchprojekte bekommen. Auf Grund dieser Erfahrung weiß ich, dass in Fingerfood sehr viele kulinarische Ideen zusammenlaufen, die immer wieder zu Neuerungen führen. Volker hat dies nun in seiner typischen Art unternommen: Professionell, unaufgeregt, mit Übersicht und Blick auf die entscheidenden Details. Dabei versteht er es, die Thematik in all ihren Facetten abzubilden und setzt mit diesem Buch nichts weniger als einen neuen Standard in Sachen Fingerfood.

Und das meine ich damit, wenn ich sage: Ein grandioses Buch zum Thema Fingerfood? Wurde aber auch Zeit!

Heiko Antoniewicz

INHALT

WARUM FINGERFOOD?

INTERVIEW: DR. NIKOLAI WOJTKO UND VOLKER BEUCHERT

Volker, warum gibt es Fingerfood?
Weil es eine Megabandbreite hat und eine riesige Vielfalt abbildet. Fingerfood ist für jeden Koch und speziell für jeden Caterer ein Gewinn. Denn es ist vielseitig und birgt jede Menge Möglichkeiten für Überraschungen und Genuss. Man kann wunderbar auf seine Gäste, ihre Vorlieben und Wünsche und zugleich auf den Anlass der Veranstaltung eingehen: Von einfach bis schwierig. Von gelingsicher grandios bis festlich opulent.

Was inspiriert dich?
Ich glaube, die beste Inspiration ist zunächst der Blick auf die kulinarischen Dinge, die uns ansprechen und begeistern. Fingerfood ist allgegenwärtig. Es begegnet uns auf der Straße, in Clubs, in Stadien, bei Messen und unzähligen weiteren Anlässen. Fingerfood geht immer und ist ungeheuer vielseitig. Das ist sicherlich auch der Grund für seine Beliebtheit: Es kann nebenher gegessen werden und gleichzeitig für aromatische Sensationen sorgen. Gerade daher lohnt ein Blick auf klassische Geschmackskombinationen zu einer ersten Orientierung: Wie setzen sich beliebte Klassiker des Fingerfood zusammen? Wie ein Spieß im Baskenland, wie eine Tapa in Andalusien, wie ein Snack an einer Bar in den USA? Welche Aromen kommen dabei ins Spiel? Wie werden sie in Szene gesetzt? Der wunderschöne Film Noir »Gilda« mit Rita Hayworth inspirierte die Basken zu einem Pintxo – eine baskische Tapa, die mit einem Spieß zusammengehalten und präsentiert wird –, der längst zu einem internationalen Klassiker avanciert ist und wie sein Filmvorbild heißt: Gilda. Dieser Klassiker enthält alle Aromen, die man braucht, um Gäste glücklich zu machen: Denn er ist süß, salzig und ein bisschen pikant. Gilda ist als beliebter Pintxo in aller Munde. Denn er ist auch noch im Handumdrehen zuzubereiten: Olive, Anchovis und Peperoni auf einem Spieß. Schon hat man einen perfekten Begleiter zu einem schönen Getränk. Klar und einfach. Für mich ist dieses Geschmacksbild eine Inspiration, eine Idee und gedankliche Vorlage. Denn hier wird gezeigt, wie man ohne Umschweife jede Menge Spaß am Gaumen zubereiten kann. Zugleich überzeugt die Form der Darreichung mit einem Spieß: So kann man dieses Fingerfood auf einem Glas Wein oder zu einem Stück Brot reichen.

Was ist gutes Fingerfood?
Fingerfood ist in allen Kulturen beliebt. Fingerfood hat etwas Ursprüngliches, etwas sehr Sinnliches. Es liegt in der menschlichen Natur, verlockend aussehende Früchte, etwa eine schöne dunkelrote Kirsche, direkt zu probieren. Gleiches gilt für sinnlich ansprechendes Fingerfood. Gut ist es, wenn eine Menge im Mund passiert: Spannung, Überraschung, Textur und Aromenübergänge am Gaumen. Vorher aber muss schon einiges passieren: Denn unser Auge isst ja bekanntlich nicht nur mit, es liefert uns auch schon die ersten Informationen, noch lange vor unserer Nase. Wichtig ist also die Präsentation. Wie sehen die angebotenen Snacks, Häppchen und Happen aus? Wie groß sind sie? Welche Auswahl gibt es? Und natürlich kommt es auf die Zusammenstellung an: Die Ausgewogenheit der Auswahl sowie eine gewisse Bandbreite für unterschiedliche Geschmäcke sollte von Anfang an bedacht werden. Gutes Fingerfood ist das, was in der Nachfrage punktet, also am schnellsten leer ist bzw. nachgefüllt werden möchte. Und natürlich sollte man seine Gäste bei ihren kulinarischen Vorlieben abholen, um ihnen ein vertrautes Terrain zu bieten. Wenn ich von einem Tomaten-Mozzarella-Spieß spreche, hat jeder ein bestimmtes Bild im Kopf und einen entsprechenden Geschmack am Gaumen. Aber wir alle wollen gerne überrascht werden, auch kulinarisch. Das funktioniert am besten dann, wenn ich die Gäste nicht irritiere, sondern ihren Mut zur Neugierde wecke. Präsentiere ich ihnen eine Ziegenkäsepraline mit Feige und Pumpernickel, dann kann ich einen solchen Überraschungseffekt erzeugen. Denn dieser dunklen Kugel sieht man nicht an, was sie unter ihre Hülle verbirgt. Wie bei jeder Praline, die man nicht schon kennt, wird hier Neugierde geweckt. Und wenn wir schon andere, bekannte Angebote auf dem Fingerfood-Büfett entdeckt haben, lassen wir uns gerne

VERTIEFT INS GESPRÄCH: DR. NIKOLAI WOJTKO UND VOLKER BEUCHERT

von unserer Neugierde verführen. Wenn diese dann durch einen vollmundigen Geschmack belohnt wird, sind wir oft sehr glücklich oder greifen nun beherzter zu.

Was kann man sich selbst beibringen?
Mit der Übung lernt man filigran und exakt zu arbeiten. Akkurates Arbeiten kann man sich beibringen, wenn man die Liebe zum Detail bei sich entdeckt. Und das kommt erst durch die Praxis. Auch wenn es sich komisch anhört: Mit der Beschäftigung am Detail wächst der Blick und das Interesse an den kleinen Dingen. Hier gilt es immer wieder auszuprobieren und sich auch immer wieder die Frage zu stellen, wie man es vielleicht noch besser hinbekommen kann. Denn das ist ein entscheidender Motor, um sich selbst zu verbessern und den Blick für Zusammenhänge über die Analyse der Details zu schärfen. Denke Großes im Kleinen, dann hast du gewonnen. Wenn man im Restaurant ein beeindruckendes Tellergericht isst, dann kann man sich selbst überlegen: Wie bekomme ich den Geschmack dieses Tellers auf einen Löffel oder in einen einzigen Bissen? Wie kann ich all das auf kleinem Raum gestalten? Wie schaffe ich es, die passenden Aromen zu erzeugen? Wie erreiche ich eine ansprechende Ästhetik in Hinblick auf Farben und Formen? Was kann ich unternehmen, um das Essen schon von der Präsentation ausgehend zu einem sinnlichen Erlebnis werden zu lassen?

Wann bist du dem Thema Fingerfood professionell begegnet?
Ich fand schon in der Ausbildung die Amuse-Gueules sehr faszinierend. Damals wurde bei uns ein Minigericht auf einem kleinen Brotteller angerichtet und schon damals dachte ich mir, dass das eigentlich sehr cool ist, den Geschmack eines ganzen Gerichts als Miniportion anzubieten. Dieter Müller bot seinen Gästen erstmals ein ganzes Amuse-Gueule-Menü bestehend aus 15–20 kleinen Gängen an. Die Idee wurde begeistert aufgenommen, denn hier wurde den Gästen die Gelegenheit geboten, viel Abwechslung genießen zu können.

Als Fingerfood begleitet mich das seit meinen ersten Tagen im Catering. Denn zum Tragen kommt dieses Thema in allen Bereichen, die mit Catering zu tun haben. Zum einen ist Fingerfood gekonnt eingesetzt in allen kulinarischen Zusammenhängen eine Bereicherung. Zum anderen ist diese Beschäftigung mit dem Detail und der Vielfalt auf kleinem Raum – die Kunst der kleinen Dinge – ein wirklich guter Lehrmeister, um auch in anderen Bereichen als Gastgeber glänzen zu können.

Messen stellten für mich die ersten Herausforderungen dar, denn entsprechend den Anforderungen bei einer Messe, wurden die Gäste in der Regel zu einem Umtrunk im Stehen eingeladen. Sie hatten also schon ein Glas in der einen Hand und sollten kulinarisch etwas präsentiert bekommen, was sie problemlos mit der anderen Hand nicht nur essen, sondern möglichst auch genießen konnten. Und schon fängt man an, sich Gedanken über verschiedene Details der Zubereitung, der Präsentation und der Abwechslung zu machen.

Löffel, Gabel, Spieß – was ist für dich die perfekte Präsentation?

Fingerfood ist ja zunächst einmal wörtlich betrachtet das Essen, das man mit den Fingern berührt und zum Mund führt. So wie wir es von einem Sandwich oder einem Butterbrot, einem Hotdog oder einem Döner gewohnt sind. Hier gilt: Die Finger sind das Maß und das Werkzeug. Und gleichzeitig wissen wir: Je größer das Maß, desto schwieriger der Genuss. Hier helfen die technischen Mittel, denn zum einen sorgen sie für saubere Hände und unfallfreien Genuss, zum anderen schaffen sie eine ansprechende Ästhetik schon bei der Präsentation. Hier kommt Fingerfood in seiner Vielfalt an Varianten bestens ins Spiel. Was möchte ich meinen Gästen anbieten? Wie soll das Fingerfood präsentiert werden? Wenn ich die Möglichkeiten kenne, kann ich als Gastgeber gezielt auf die Wünsche meiner Gäste eingehen, auch was die Größe der Darreichung angeht: Der Happen, die Praline, die Mini-Quiche, das Brötchen, der Löffel, der Spieß – all das ist Fingerfood und all das kann uns gerade durch Vielfalt und Abwechslung begeistern. Fingerfood lädt uns ein, zu probieren. Wenn ich mir in einem Restaurant ein Gericht oder ein Menü bestelle, habe ich für diesen Besuch meine Wahl getroffen. Bei Fingerfood aber kann ich eine flexible Auswahl treffen, kann in Ruhe einige Dinge probieren. Und wenn ich möchte, kann ich von den Sachen, die mir schmecken auch noch einmal nehmen, gerne auch öfter. Bei einer Karte in einem Restaurant ist das anders. Hier lese ich ein Angebot, am Büfett aber kann ich es sehen, probieren und genießen. Wenn wir uns das Büfett vorstellen, dann zeichnet sich gutes Fingerfood entgegen unserer oben getroffenen Definition mittlerweile dadurch aus, dass es eben nicht immer direkt mit den Fingern berührt wird. Denn das Essen wird präsentiert, wie nehmen also Spieße, Löffel, Gabeln oder andere Dinge in die Hand und führen mit ihnen das Essen zum Mund. Selbstverständlich aber gibt es auch die sinnliche Variante, die genau darauf abzielt, dass man sein Essen direkt mit den Fingern berührt und zum Mund führt.

Bei der Präsentation ist es wichtig, eine schön dargebotene Auswahl an Speisen zu haben, die für alle Gäste ein ansprechendes Angebot bereithält. Denn jeder liebt Abwechslung – sowohl in Farben, Geschmack, Formen und Darreichung. Und hier sollte man auch die vermeintlichen Kleinigkeiten beachten: Denn es ist ein Unterschied, ob ich Fingerfood auf einem Löffel, mithilfe eines Stäbchens oder in anderer Form und Größe präsentiere. Der eine Gast mag lieber kleine Häppchen, ein anderer möchte aber mehr als einen Bissen genießen und ist mit einer Präsentation, die es ihm erlaubt, sein Fingerfood in zwei bis drei Happen zu genießen am glücklichsten. Also bieten wir die Dinge am besten so an, dass wir alle Gäste glücklich machen können.

Was hat sich in Sachen Fingerfood geändert?

Ende der 1990er-Jahre kam ich aus professioneller Sicht in den USA mit Fingerfood in Berührung. Dort gab es die Tradition des Horsd'œuvre zum Empfang der Gäste: Gerne reichte man Blätterteighäppchen mit grünem Spargel oder mit einem eingewickelten Würstchen. Alles war frisch und selbstverständlich selbst gemacht. Horsd'œuvre heißt ja genau genommen: Außerhalb des Menüs, so wurde Fingerfood auch als Aufmerksamkeit zum Empfang verstanden und eben nicht als Bestandteil des Menüs. Mittlerweile kann man aber problemlos aus Fingerfood ein komplettes Menü gestalten – und hat durch die Abwechslung und Konzentration auf kleinem Raum alle Gestaltungsmöglichkeiten.

Fingerfood wird sicherlich auch in der Zukunft allgegenwärtig sein: Die Abwechslung, die man hier seinen Gästen präsentieren kann, ist einfach unvergleichlich. Und durch seine Vielseitigkeit kann man Fingerfood zu jeder Gelegenheit anbieten, es passt immer. Planung und passende Präsentation natürlich vorausgesetzt. Über die Jahre kann man beobachten, dass Fingerfood leichter geworden ist. Gleichzeitig sind die Gäste schon immer offener für neue Ideen. Aus professioneller Sicht ist das natürlich großartig, denn man hat wesentlich mehr und immer wieder neue Möglichkeiten, seine kulinarischen Ideen zu präsentieren. Und Fingerfood bietet dir als Koch eine unschätzbare Sicherheit: Man kann nichts falsch machen, denn die Gäste haben ja keinen Teller vor sich. Wenn mir etwas nicht so mundet, kann ich einfach zum nächsten Angebot greifen. Und so probiere ich mich durch das gesamte Angebot, bis ich meinen persönlichen Favoriten gefunden haben.

SINNLICHE VERFÜHRUNG – KLEIN & KONZENTRIERT

Fingerfood ist mehr als eine Spielerei. Denn nimmt man es ernst, dann ist Fingerfood nichts weniger als die Essenz des Essens. Richtig zubereitet und perfekt präsentiert ist Fingerfood eine sinnliche Verführung. Klein und fein – entweder ein Happs oder zwei Bissen. Im besten Falle voller Finesse, Aroma und Geschmack.

Wenn wir dann noch durch ein verführerisch präsentiertes Angebot unterschiedlicher Kleinigkeiten angeregt werden, ist der Begriff des Appetitanregers bald vergessen und wir schwelgen wie Kinder im Sommer vor der Eisdiele mit ihrem verführerisch kühlen Angebot schmelzender Köstlichkeiten vor dem Büfett. Denn wir können noch nicht in Worte fassen, welche Details uns gerade so betören, dass wir zum einen von ihnen sprechen wollen, im Moment aber noch angeregt schweigen, da diese kleinen Dinge uns – vielleicht sogar gegen unseren Willen und der Intentionen des begonnenen Gesprächs – für einen Moment innehalten lassen: Was für ein Genuss.

Dabei erscheinen diese kleinen Happen so spielerisch leicht. Meist schön, immer formstark und genau dafür zubereitet, eben nicht den Hunger zu verbannen, sondern einfach nebenbei Anregung zu verschaffen und sich auf diese Weise ganz unscheinbar als Hauptdarsteller vorzustellen. Und das ist kein Zufall. Denn lange vorbei sind die Zeiten, in denen die kleinen Happen nur den Appetit stillen sollten oder als unscheinbare Begleitung für Champagner, Sekt und Cocktails gereicht wurden, ohne selbst durch Geschmack aufzufallen. Cracker, Oliven oder Nüsse sind nach wie vor gern gesehene Komponenten bei einem durchdachten Fingerfood-Arrangement, aber eben nur Teile eines im besten Falle wohldurchdachten Ganzen, in dem sie ganz selbstbewusst eine stabile Rolle in Sachen Wiedererkennung, Textur und Geschmack übernehmen. In einer Zeit, in der Snacks in ihrer lockeren und flexiblen Art des Speisens zunehmend die eher gesetzten Mahlzeiten verdrängen, ist wohldurchdachtes Fingerfood eine Lösung, die in jedem Moment und an jedem Ort zu punkten versteht – besonders, wenn man sie gut geplant in Szene setzt. Mit wenigen Planungsschritten ergeben sich zahlreiche Lösungen, ganz gleich ob im Garten, auf dem Sofa oder beim lockeren Get-together. Vollmundiges Fingerfood passt zu allen erdenklichen Möglichkeiten. Überraschend. Gelingsicher. Aromatisch.

VARIANTENREICHE VIELFALT

Was aber verstehen wir unter Fingerfood? Allgemein – wie der Duden – könnte man zunächst sagen: Alle Speisen, die man mit den Händen ohne weitere Probleme zum Mund führen kann. Nun kann man natürlich auch einen Haufen Zucker oder eine ganze Schweinshaxe mit den Händen zum Mund führen und sollte sich also eine praktikablere Definition zulegen. Doch wie könnte diese beschaffen sein? Immerhin bewerben auch zahlreiche Fastfood-Ketten ihre Gerichte als praktisches Fingerfood. In diesem Zusammenhang: Sollte Fingerfood in erster Linie praktisch sein oder sich an aromatischen Kriterien orientieren?

Vielleicht sind es die Finger, die im Begriff eine falsche Orientierung liefern. Denn längst vorbei sind die Zeiten, in denen sich Fingerfood auf Chips, Nüsse, Pommes frites oder Burger begrenzte. Dabei spiegelt sich die gedankliche Konzentration über die Aromatik der verführerischen Häppchen und Happen in ihrer Präsentation: Löffel, Gabeln und Spieße. Fingerfood ist längst nicht mehr streng daran gebunden, direkt mit den Händen berührt zu werden. Entscheidend ist die Kunst, Fingerfood ansprechend und zugleich praktisch zu präsentieren: Schön soll es aussehen, aromatisch verblüffen und praktisch überzeugen. Es scheint, als wäre Fingerfood der Stoff gewesen, der schon das Bauhaus inspiriert hat, denn wie bei diesem gilt beim Fingerfood: Form follows function! Nicht zu groß, nicht zu klein, voller Aromen und fehlerfrei zum Mund zu führen.

TAPAS, PINTXOS, MEZZE – DREIKLANG DES GENUSSES

Kleine Köstlichkeiten erfreuen sich überall auf der Welt großer Beliebtheit. Kein Wunder, denn nichts ist so verführerisch, wie ein kleiner, prall mit Aromen gefüllter Snack. Fingerfood in Bestform glänzt durch eine perfekte Mischung von teilweise hochkomplexen Geschmacksbildern und verschwenderisch einfacher Simplizität. Denn perfektes Fingerfood kann man mühelos und unfallfrei zu sich nehmen – und es beschäftigt einen erst, wenn der Geschmack am Gaumen betört und den Alltag oder das Gespräch für einen Moment in den Hintergrund stellt. Ursprünglich waren diese kleinen Snacks weniger als Sattmacher, denn als Dämpfer der Wucht gedacht, mit der alkoholische Getränke einen hungrigen Magen überrennen können. Schon in der Antike wurde zum Wein gerne eine Kleinigkeit gereicht. Eine Konvention die sich über das Mittelalter in die Renaissance rettete und fortan an den europäischen Höfen neue Blüten trieb und besonders in den Regionen mit traditionellem Weinanbau bis in die Gegenwart hinein ganz selbstverständlich gepflegt wird. Der Aperitif ist aus dem Alltag der mediterranen Länder nicht wegzudenken, und wie die Tapas oder Pintxos in Spanien begleiten in Italien oder Frankreich ganz selbstverständlich ein paar Kleinigkeiten dieses erste Getränk, das auch den Magen für weitere Genüsse öffnet. So gibt sich der christlich geprägte Dualismus von Leib und Seele zur Zeit des Aperitifs ein Stelldichein: Die geistlichen Getränke wecken Lust auf anregende Gespräche und leibliche Genüsse – eine schöne Form, den Alltag zu verabschieden und den Abend zu eröffnen. So wie die kleinen Happen als anregende Vermittler dienen, um die Zeit von der Ankunft bei einer Veranstaltung bis zu ihrem Beginn aromatisch zu überbrücken. Eine schöne Aufmerksamkeit zum Empfang, die dazu anregt, sich ungezwungen mit den anderen Gästen zu unterhalten. Aber auch in den Ländern des Orients, vom Balkan über die Türkei und die Levante bis nach Persien, in denen sich der Genuss der Speisen traditionell ganz ohne alkoholische Begleiter denken lässt, sind kulinarische Kleinigkeiten fester Bestandteil der gedeckten Tafel. Hier erfreut man sich an zahlreichen Vorspeisen ebenso wie an kleinen Portionen zahlreicher Gerichte, von denen sich jeder nach Lust und Laune nehmen kann, oftmals, wie beim traditionellen Mezze, den gesamten Abend lang. Die Liste lässt sich problemlos mit ostasiatischen Streetfood-Varianten und amerikanischem Fingerfood fortsetzen und zeigt ganz deutlich: Fingerfood erfreut sich auf der ganzen Welt großer Beliebtheit, bietet unendlich viele Varianten und stetige Neuerungen.

DAS SANDWICH – GESCHICHTE EINES WELTERFOLGS

Dass man mit dem Essen am besten spielen sollte, ist eine Weisheit, die so alt ist wie die Erfindung des Kochens. Unter Beweis gestellt wurde sie eindrucksvoll und auf eine ganz andere Art durch John Montagu, seines Zeichens 4. Earl of Sandwich. Neben seinen zahlreichen beruflichen Verpflichtungen, die ihn zum ersten Lord der Admiralität machten und dazu führten, dass James Cook nicht nur die Sandwichinseln nach ihm benannte, sondern auch das heutige Hawaii. Berühmt geworden ist dieser Lord jedoch nicht durch seine umsichtige Amtsführung – die eher desaströs und von Skandalen umwittert war – als vielmehr als leidenschaftlicher Kartenspieler. Seine Leidenschaft ging so weit, dass er den Kartentisch auch nach Stunden nicht verlassen wollte und also seinen Hunger mittels Fingerfood zu bekämpfen trachtete. Da es jedoch in adeligen Kreisen als unschicklich galt, die Karten mit fettigen Fingern zu berühren, verlangte er nach Toastscheiben, die das von ihm georderte Roastbeef ummanteln sollten. Ein weiterer Kartenspieler orderte daraufhin ein Brot wie das von Sandwich:

Das bis heute berühmteste Fingerfood war durch das Spiel geboren und erfreut sich bis heute in der traditionellen oder in zahlreichen modernen Varianten – von vegan über vegetarisch bis Pastrami-fleischlastig – ungebrochener Beliebtheit. Kein Wunder: Denn es trifft hier auf elegante Zurückhaltung. Ein Sandwich kann man nebenbei genießen, ohne von den wichtigen Dingen – wie eben dem Kartenspiel – abgelenkt zu werden. Gleichzeitig aber füllt es nicht nur den Magen, sondern verzaubert den Gaumen mit Geschmack. Die kleinen Knabbereien und Aromawunder erfreuten jedoch nicht nur die britische Admiralität und Oberschichte, sie regten auch auf dem Kontinent die Köche bei Hofe zu immer neuen Glanzleistungen an. François Vatel gilt zwar nicht als Erfinder des Fingerfood, dürfte aber der erste höfische Koch gewesen sein, der als professioneller Vorläufer der heutigen Eventmanager und Caterer angesehen werden kann. Sein kulinarischer Anspruch ging weit über den perfekten Geschmack hinaus, stets lag ihm eine entsprechende Präsentation der Speisen am Herzen. Ganz so, wie man sie sich in all ihrer Üppigkeit am Hofe des Sonnenkönigs vorstellen konnte. In seiner Nachfolge eiferten die Köche daran, jenseits der starren Vorgaben eines Menüs, ihren Gästen kleine Aufmerksamkeiten als Zeichen ihres Könnens zu offerieren. Zum Glück, denn diese Amuse-Gueule und Horsd'œuvre genannten Gaumenverführer erfreuen noch heute die Gäste ambitionierter Restaurants.

In den 20er-Jahren des letzten Jahrhunderts kam der in Portland als Sohn einer bekannten Köchin geborene James Beard in Frankreich mit der Bistro-Küche in Berührung und transformierte die Idee dieser kulinarischen Kleinigkeiten, die losgelöst vom Menü – so die wörtliche Übersetzung von Horsd'œuvre – serviert wurden nach seiner Rückkehr in die USA auf eine revolutionäre Weise: Er dachte diese Kleinigkeiten losgelöst von einem Restaurant und gründete ein Cateringunternehmen: Fingerfood wurde mobil und begeisterte fortan Amerikaner in Bars, auf Cocktailpartys und zu anderen gesellschaftlichen Zusammenkünften. Sein Buch »Cook it outdoors« setzte die mobile Küche auf den Kochbuchmarkt und war das erste Buch in den USA, das sich eine Kochkunst auf gehobenem Niveau außerhalb der Restaurants vorstellte. Gemeinsam mit Julia Child machte er so die französische Kochkunst in Amerika bekannt und beeinflusste die amerikanische Kochkunst so entscheidend, dass zu seiner Würdigung 1986 die James Beard Foundation gegründet wurde. Deren jährlich vergebenen Auszeichnungen gelten als Oscars der Küche.

KONZENTRATION DES GESCHMACKS

Der kleine Rückblick in die Geschichte und auf die andere Seite des Atlantiks zeigt auf, wie sehr ambitioniertes Fingerfood zu begeistern versteht. Die Gründe dafür sind vielschichtig. Klar ist aber, dass besonders klare Geschmacksbilder auf kleinem Raum – wie sie Fingerfood darstellt – nachhaltig in Erinnerung bleiben. Denken wir zur Veranschaulichung etwa an ein Vitello tonnato, als dünn aufgeschnittenes rosa gegartes Kalbfleisch mit einer kapern-würzigen Thunfischsauce, so entsteht vor unseren Augen dieser grandiose Teller, den wir so oft schon in einem Restaurant als Vorspeise genossen haben. Diese Elemente aber alle in Miniatur gleichzeitig geschmacklich konzentriert auf einem Löffel präsentiert zu bekommen, ist ein großes Geschenk an alle Gäste. Denn spielerisch leicht können sie den abgerundeten Geschmack erfahren: Genuss in Reinform. Keine gesetzte Tafel. Keine Tischnachbarn. Mobiler Genuss. Ungezwungenes Schlendern. Ganz entspannt kann man genießen, dabei sein Glas in der Hand und die Konversation in Gang halten. Wenn man dann noch andere Häppchen und Happen, Spieße oder Löffel präsentiert bekommt, und mit ihnen ein Beef Tatar mit Wachtelei, eine verführerisch gefüllte Kartoffel mit frischen Kräutern oder ein Chorizo-Bällchen mit getrockneter Tomate und Pinienkernen, erkennt man intuitiv, dass Fingerfood nichts weniger ist als die Essenz der Kochkunst.

LEGERE ANLÄSSE & PARTYS

NÜSSE

MAPLE CASHEWS › S. 32

NORI NUTS › S. 32

CURRY NUTS › S. 32

TOMATO ALMONDS › S. 33

FRUITY & SPICY NUTS › S. 33

TORTILLA CHIPS

TOMATE › S. 38

AVOCADO › S. 38

SCHWARZE BOHNE › S. 38

JAHRGANGSSARDINE › S. 38

SPICY CRACKER

TOMATENCREME | PINIENKERNE › S. 39

KRÄUTERCREME | DUKKAH › S. 39

ROTE BETE | SESAM › S. 39

BEIZLACHS | WASABI › S. 39

CHILICREME | NIGELLA › S. 39

SALATHERZEN

ROBIOLA | HORNVEILCHEN › S. 40

HÄHNCHEN | PFLAUMEN-BALSAM › S. 40

TUNA | SESAM | PONZU › S. 40

FRITTER

ZUCKERMAIS | SOUR CREAM | SCHNITTLAUCH › S. 44

ZUCCHINI | KAROTTE | NIGELLA › S. 44

AUBERGINE | ROSINEN | KAPERN › S. 45

SANDWICHES

CLUB SANDWICH › S. 48

REUBEN SANDWICH › S. 48

PITA | SCHAFSKÄSE | APRIKOSE › S. 49

PITA | FAVA-BOHNEN | GRANATAPFEL › S. 49

CROQUE MONSIEUR | ROSMARINSCHINKEN | BERGKÄSE › S. 49

YUFKA

TOMATE | SERRANO-SCHINKEN › S. 51

TOMATE | BASILIKUM › S. 51

TOMATE | ZIEGENKÄSE › S. 51

BROTZEIT

SALZBUTTER | RADIESCHEN › S. 56

FRISCHKÄSE | GARTENKRESSE | TOMATE › S. 57

GRAVED LACHS | MEERRETTICH › S. 56

TÊTE DE MOINE | APFEL | INGWER › S. 57

CAMEMBERT | PREISELBEEREN › S. 56

FRÜCHTEBROT | ZIEGENKÄSE | AHORNSIRUP › S. 57

ZIEGENKÄSE | SANDDORN › S. 56

PILZ-PÂTÉ | CORNICHON › S. 58

BERGKÄSE | BIRNE | FEIGE › S. 57

KRÄUTERQUARK | ROSA PFEFFER › S. 58

JAHRGANGSSARDINE | JOHANNISBEER | SCHALOTTEN › S. 58

SCHAFSKÄSE | KÜRBIS | APRIKOSE › S. 58

RAUCHFORELLE | SAUERRAHM | KERBEL › S. 59

MATJES | APFEL | SENFKÖRNER › S. 59

NORDSEEKRABBEN | SCHMAND | ZITRONE › S. 59

BEIZLACHS | SENFSAUCE | DILL › S. 59

HÄHNCHEN | ZITRONENTHYMIAN › S. 60

ROASTBEEF | SAUCE TARTARE › S. 60

HACKEPETER | SCHALOTTEN | SCHWARZER PFEFFER › S. 61

ITALIENISCHE SALAMI | FENCHEL › S. 61

PIZZA & PINSA

PIZZA TOMATE | BÜFFELMOZZARELLA › S. 64

PIZZA SALSICCIA | FENCHELSAMEN | ORANGE › S. 64

PIZZA PARMASCHINKEN | PARMIGIANO | TOMATE › S. 64

PINSA BRUSCHETTA | TOMATE | BASILIKUM › S. 65

PINSA CARBONARA | GUANCIALE | EIGELB › S. 65

FOCACCE & CROSTINI

FOCACCIA | ROSMARIN | FIOR DI SALE › S. 70

BOHNENCREME | THUNFISCH | ROTE ZWIEBEL › S. 71

CARNE CRUDA | SALSA VERDE › S. 73

FOCACCIA | OLIVE | TOMATE › S. 70

GRÜNER SPARGEL | ROMESCO › S. 72

PAN CON TOMATE | JAMON IBERICO › S. 73

FOCACCIA | KÜRBIS | KURKUMA › S. 70

JAHRGANGSSARDINEN | PIMENTÓN DE LA VERA › S. 72

ZIEGENKÄSE | BIRNE | LORBEER › S. 73

GRISSINI | PROSCIUTTO DI PARMA › S. 71

PAPRIKA | ROSINEN | KAPERN › S. 72

GERÖSTETE PILZE | PINIENKERN-MARZIPAN › S. 73

AVOCADO | PICO DE GALLO › S. 71

OLIVENTAPENADE | ROSMARIN | TOMATE › S. 72

ROSA LAMMRÜCKEN | GEWÜRZJOGHURT › S. 74

MOZZARELLA | WALNUSS-PESTO › S. 74

PRESA IBERICO | PESTO › S. 74

MAISPOULARDE | ZUCKERERBSE › S. 75

STEINPILZ | GRÜNKOHL | BÜFFELMOZZARELLA › S. 75

GARNELE | PAPRIKAMAYO › S. 75

TACOS

AVOCADO | SALSA PICCANTE › S. 78

GARNELE | CHIPOTLE-MAYO › S. 78

RINDERFILET | MAIS-CREME › S. 79

CRÊPEROLLEN

ZIEGENKÄSE | WALNUSS | ROTE BETE › S. 81

JOHANNISBEERE | CHILI | PISTAZIE › S. 81

RAUCHLACHS | WASABI › S. 81

ROASTBEEF | HIMBEERE | CHILI › S. 81

ROSMARINSCHINKEN | SENFCREME › S. 81

GEMÜSEWRAPS & -ROLLEN

SPITZKOHL | SAIBLING | ZITRONENMAYO › S. 84

KOPFSALAT | CASHEWKERNE | APRIKOSEN | ZIEGENFRISCHKÄSE › S. 84

KOHLRABI | LINSE | KOKOS › S. 84

RADICCHIO | GORGONZOLA DOLCE | FEIGE › S. 85

SOMMERROLLE | KING PRAWN | MANGO | MINZE › S. 85

SOMMERROLLE | KAROTTEN | ZUCKERSCHOTEN | ERBSENKRESSE › S. 85

MINI-QUICHES

KAROTTE | VANILLE | KERBEL › S. 87

RINDFLEISCH | APRIKOSE | GURKE › S. 87

DICKE BOHNEN | ROTE ZWIEBEL | HIMBEERE › S. 87

HOKKAIDO | HARISSA | KÜRBISKERN › S. 88

TOMATE | BASILIKUM | PINIENKERNE › S. 88

AM SPIESS – FLEISCH & FISCH

SPARGEL | PETERSILIENPESTO | TOMATE › S. 88

ROASTBEEF | WILDER BROKKOLI | NUSSBUTTER › S. 91

TORTILLA ESPAÑOLA | CHISTORRA › S. 93

KICHERERBSE | AUBERGINE | TOMATE › S. 89

RINDERFILET | SPARGEL | ESTRAGON › S. 91

GARNELE | KOKOS | MANGO › S. 93

KALBSSCHNITZEL | BROTKNUSPER | PREISELBEEREN › S. 92

»GILDA«-PIPARRA | GRÜNE OLIVEN | ANCHOVIS › S. 93

SCHWEINEBAUCH | AHORN-SIRUP | CHILI › S. 92

HÄHNCHEN | SATÉSAUCE | PFLAUME › S. 92

AM SPIESS – GEMÜSE & CO.

TALEGGIO | SALZPFLAUME | BASILIKUM › S. 96

KARTOFFEL | APFEL | ZWIEBEL › S. 96

GEFÜLLTE KARTOFFELN HEISS-KALT › S. 96

OFENKÜRBIS | SHIITAKE | WILDER BROKKOLI › S. 97

TOMATE | BURRATA | BASILIKUM › S. 97

SCHAFSKÄSE | ZUCCHINI | GETROCKNETE TOMATE › S. 97

CHAMPIGNON | GORGONZOLA | ROSA PFEFFER › S. 98

SÜSSKARTOFFEL | GEFLÄMMTER MAIS | ERDNUSS › S. 98

WURZELGEMÜSE | GEWÜRZ-JOGHURT | KRÄUTER-GRANOLA › S. 99

BULETTEN

KALBFLEISCH | KAPERN-CREME › S. 101

AKTIVSTALLSCHWEIN | APFELSENF › S. 101

GARNELE | MANGO | CHILI › S. 102

LAMM | SCHAFSKÄSE | WALNUSSPESTO › S. 102

MAISPOULARDE | ANANAS | SAUERKRAUTSENF › S. 103

GLÄSER & LÖFFEL

THUNFISCH | SALZZITRONE | SESAM › S. 103

KOHLRABI | MALZBIER | ENTEN-PASTRAMI › S. 108

RINDERHÜFTE | PARMESAN | CIPRIANI-SAUCE › S. 110

CIGKÖFTE | ZITRONE | GRANATAPFEL › S. 104

SELLERIE | ZUCKERMAIS | KANDIERTE OLIVEN › S. 108

VITELLO TONNATO › S. 110

NÜSSE | SPICY APRIKOSE | SAFRAN › S. 104

PAPRIKA | CHILI | KIRSCHE | ROASTBEEF › S. 109

CIMA DI RAPA | BIRNE | RAUCHLACHS | WHISKEY › S. 111

CHORIZO | GETROCKNETE TOMATEN | PINIENKERNE › S. 105

ROTKOHL | INGWER | LAMM › S. 109

KIBBEH VOM RIND | KAROTTE | FENCHEL › S. 105

NÜSSE

Nüsse

– Ergibt je 500 g –

MAPLE CASHEWS

500 g Cashewkerne
200 ml Ahornsirup
5 g Chiliflocken
5 g Fleur de Sel

Alle Zutaten vermischen. Die Mischung flach auf einem mit Backpapier belegten Backblech verteilen und im Backofen bei 90 °C Umluft 4–5 Stunden langsam rösten. Dabei mehrmals durchmischen. Die Cashews sind fertig, wenn der Ahornsirup vollständig reduziert ist und die Kerne umhüllt. Herausnehmen und auskühlen lassen.

NORI NUTS

250 g Erdnusskerne
250 g Pekannusskerne
50 ml Ahornsirup
20 ml Pflanzenöl
10 g Chiliflocken
10 g Sumach
10 g weißer Sesam
5 g Fleur de Sel
20 g Noriblätter

Alle Zutaten, bis auf die Noriblätter, vermischen. Die Mischung flach auf einem mit Backpapier belegten Backblech verteilen und im Backofen bei 90 °C Umluft 4–5 Stunden langsam rösten. Dabei mehrmals durchmischen. Aus dem Ofen nehmen. Die Noriblätter fein hacken oder mixen und unter die noch warmen Nüsse mischen. Auskühlen lassen.

CURRY NUTS

200 g Erdnusskerne
150 g Macadamianusskerne
150 g Paranusskerne, geschält
20 ml Pflanzenöl
50 ml Kokosblütenzucker
20 g Currypulver
5 g Chilipulver
5 g Steinsalz

Alle Zutaten vermischen. Die Mischung flach auf einem mit Backpapier belegten Backblech verteilen und im Backofen bei 120 °C Umluft ca. 1 Stunde langsam rösten. Dabei mehrmals durchmischen. Herausnehmen und auskühlen lassen.

TOMATO ALMONDS

500 g Mandeln
50 ml Tomatenserum Push (von Antoniewicz)
10 g Tomatenflocken
5 g Basilikumsamen
5 g Fenchelsamen
5 g Fleur de Sel

Alle Zutaten vermischen. Die Mischung flach auf einem mit Backpapier belegten Backblech verteilen und im Backofen bei 90 °C Umluft 3–4 Stunden langsam rösten. Dabei mehrmals durchmischen. Die Mandeln sind fertig, wenn das Tomatenserum vollständig reduziert ist und die Kerne umhüllt. Herausnehmen und auskühlen lassen.

FRUITY & SPICY NUTS

75 g Haselnusskerne, geschält
75 g Pekannusskerne
100 g Kürbiskerne
10 ml Pflanzenöl
5 g Five Spice (Fünf-Gewürze-Pulver)
3 g Fleur de Sel
50 g kandierter Ingwer
75 g getrocknete Aprikosen
75 g getrocknete Cranberrys
50 g Pistazienkerne

Nüsse und Kerne, Öl, Five Spice und Fleur de Sel vermischen. Die Mischung flach auf einem mit Backpapier belegten Backblech verteilen und im Backofen bei 120 °C Umluft ca. 1 Stunde langsam rösten. Dabei mehrmals durchmischen. Aus dem Ofen nehmen. Ingwer und Aprikosen in mundgerechte Stücke schneiden. Mit Cranberrys, Pistazien und den gerösteten Nüssen vermischen. Auskühlen lassen.

SARDINES
la Perle • MILLÉSIME 2016

TORTILLA CHIPS

BASISREZEPT TORTILLA CHIPS

– Ergibt 50–60 Stück –

200 g Maismehl
180 g Weizenmehl
250 ml Wasser
40 ml Olivenöl
5 g Salz

Alle Zutaten zu einem glatten Teig verkneten. Den Teig zu 12 Kugeln rollen und diese abgedeckt im Kühlschrank ca. 1 Stunde ruhen lassen.
Die Kugeln danach auf etwas Mehl zu dünnen Fladen ausrollen und nacheinander in einer beschichteten Pfanne mit wenig Öl backen. Die Fladen in Dreiecke schneiden, nebeneinander auf mit Backpapier belegten Blechen verteilen, mit etwas Olivenöl bestreichen und leicht salzen. Im vorgeheizten Backofen bei 160 °C Umluft 6–8 Minuten backen. Danach auskühlen lassen.

SPICY CRACKER

BASISREZEPT CRACKER

– Ergibt 50–60 Stück –

300 g kalte Butter
200 g Parmesan
600 g Mehl
4 Eier (Größe M)
1 EL Chiliflocken
½ TL Salz

Die Butter in kleine Würfel schneiden und wieder kühlen. Den Parmesan fein reiben. Dann alle Zutaten zügig zu einem Mürbeteig verkneten. Den Teig in Frischhaltefolie wickeln und mind. 1 Stunde kühlen.

Den Teig danach auf der bemehlten Arbeitsfläche 8–10 mm dick ausrollen und mit einem Stipproller einstechen. Cracker in der gewünschten Form und Größe ausstechen und auf mit Backpapier belegten Blechen verteilen. Die Cracker im vorgeheizten Backofen bei 180 °C Umluft in 10–12 Minuten goldgelb backen.

Tipp: Statt Chiliflocken nach Belieben auch andere Aromen – z. B. Rosmarin und Thymian, Currypulver, Ras el Hanout oder Togarashi – in den Teig kneten.

Tortilla Chips

– Ergibt je ca. 12 Stück –

TOMATE

20 g feine rote Zwiebelringe
10 ml weißer Traubenessig
20 ml Olivenöl
2 Strauchtomaten
frisches Koriandergrün

Die Zwiebelringe mit etwas Salz und Zucker aktivieren und ca. 10 Minuten ziehen lassen. Die entstandene Flüssigkeit abgießen und die Zwiebeln mit Essig und Olivenöl marinieren.
Die Tomaten vierteln, Stielansatz und Kerne entfernen. Das Fruchtfleisch fein würfeln, salzen und leicht zuckern. Dann mit den Zwiebeln vermischen und abschmecken. Auf 12 Tortilla Chips anrichten und mit Koriandergrün garnieren.

AVOCADO

1 reife Avocado
Saft von 1 Zitrone
20 ml Cashewkernöl
12 Cashewkerne, geröstet und gesalzen
Chiliflocken
Fleur de Sel

Die Avocado halbieren, entsteinen und schälen. Die Hälften quer in dünne Scheiben fächern und mit dem Zitronensaft marinieren. Auf 12 Tortilla Chips anrichten und mit etwas Cashewkernöl beträufeln. Mit je 1 Cashewkern, Chiliflocken und Fleur de Sel garnieren.

SCHWARZE BOHNE

200 g gekochte schwarze Bohnen
Saft von 1 Zitrone
20 ml Olivenöl
gemahlener Kreuzkümmel
6 Kirschtomaten, halbiert
frische Blattpetersilie

12 Bohnen für die Garnitur beiseitelegen, die restlichen Bohnen mit einer Gabel zu einer feinen Paste zerdrücken. Die Paste mit Zitronensaft, Olivenöl und etwas Kreuzkümmel abschmecken und auf 12 Tortilla Chips anrichten. Mit je 1 Bohne, ½ Kirschtomate und Petersilie garnieren.

JAHRGANGSSARDINE

40 g Staudensellerie
Saft von 1 Limette
3 Jahrgangssardinen in Öl
innere Blätter vom Staudensellerie

Den Staudensellerie fein würfeln, mit etwas Salz und Zucker aktivieren und ca. 10 Minuten ziehen lassen. Die entstandene Flüssigkeit abgießen und den Sellerie mit dem Limettensaft marinieren.
Die Sardinen in mundgerechte Stücke schneiden und auf 12 Tortilla Chips anrichten. Mit den marinierten Selleriewürfeln toppen und mit Sellerieblättern garnieren.

Spicy Cracker

– Ergibt je ca. 50 Stück –

TOMATENCREME | PINIENKERNE

100 g getrocknete Tomaten in Öl
200 g Frischkäse
20 g Pinienkerne, geröstet
frische Basilikumblätter

Die Tomaten fein mixen, dann mit dem Frischkäse cremig verrühren. Mit Salz, Pfeffer und Zucker abschmecken. Die Creme mit einem Spritzbeutel auf die Cracker dressieren. Mit Pinienkernen und Basilikum garnieren.

KRÄUTERCREME | DUKKAH

300 g Frischkäse
2 EL fein geschnittene Kräuter (z. B. Petersilie, Kerbel, Estragon, Dill)
1 EL Dukkah
frische Kräuterblätter

Den Frischkäse mit Kräutern und Dukkah cremig verrühren. Mit Salz, Pfeffer und Zucker abschmecken. Die Creme mit einem Spritzbeutel auf die Cracker dressieren. Mit Dukkah und Kräuterblättern garnieren.

ROTE BETE | SESAM

300 g Rote Bete
1 Sternanis, 1 Zimtstange
2 Lorbeerblätter, 1 TL Kümmelsamen
20 ml Himbeer-Balsamico
40 ml Olivenöl
je 1 EL gerösteter weißer und schwarzer Sesam
frische Kräuterblätter

Die Rote Bete mit Gewürzen und 1 EL Salz in einem Topf mit Wasser weich garen. Danach auskühlen lassen und schälen. Mit Balsamico und Olivenöl im Thermomix zu einer cremigen Masse mixen. Mit Salz, Pfeffer und Zucker abschmecken. Die Creme mit einem Spritzbeutel auf die Cracker dressieren. Mit Sesam und Kräutern garnieren.

BEIZLACHS | WASABI

Mind. 24 Stunden vorher
500 g Lachsfilet
30 g Salz, 20 g Zucker

----

50 g Frischkäse
10 g Wasabi-Pulver
1 Schale Kresse

Den Lachs mit der Salz-Zucker-Mischung bestreuen und auf einem (Loch-)Blech mind. 24 Stunden beizen. Salz-Zucker-Mischung entfernen und den Lachs in ca. 2 cm große Würfel schneiden.
Frischkäse und Wasabi cremig verrühren. Mit Salz, Pfeffer und Zucker abschmecken. Die Creme mit einem Spritzbeutel auf die Cracker dressieren. Mit Kresse garnieren.

CHILICREME | NIGELLA

300 g Frischkäse
1 TL Chiliflocken
1 TL Tomatenserum Push (von Antoniewicz)
1 EL Nigella (Schwarzkümmelsamen)

Den Frischkäse mit Chiliflocken und Tomatenserum cremig verrühren. Mit Salz, Pfeffer und Zucker abschmecken. Die Creme mit einem Spritzbeutel auf die Cracker dressieren. Mit Nigella garnieren und mit einem kleineren Cracker toppen.

Salatherzen

– Ergibt je ca. 12 Stück –

Die Blätter der Kopfsalatherzen jeweils abzupfen, waschen und trocken tupfen. Dann in eine mundgerechte Größe schneiden.

ROBIOLA | HORNVEILCHEN

- 250 g Robiola
- 2–3 Kopfsalatherzen
- 20 ml Olivenöl
- 1 TL fermentierter Pfeffer
- 1 TL Fleur de Sel
- 12 Hornveilchenblüten

Den Robiola mit einem Löffel auf auf 12 Salatblättern anrichten. Mit etwas Olivenöl beträufeln und mit grob zerstoßenem Pfeffer und Fleur de Sel toppen. Mit je 1 Veilchenblüte garnieren.

HÄHNCHEN | PFLAUMEN-BALSAM

- 200 g Keulenfleisch vom Hähnchen
- 20 ml Olivenöl
- 40 g Schalottenwürfel
- 40 ml Pflaumen-Balsamico
- 10 g brauner Rohzucker
- 1 rote Pflaume
- 2–3 Kopfsalatherzen
- 3–4 Halme Schnittlauch, in Stücken

Das Fleisch in ca. 1 cm große Würfel schneiden. Diese in einer Pfanne im Öl scharf anbraten. Die Schalottenwürfel mitbräunen. Mit 20 ml Balsamico ablöschen und zu einer sämigen Konsistenz reduzieren. Das Ragout auskühlen lassen.

Den Zucker in einem kleinen Topf karamellisieren. Mit dem übrigen Balsamico (20 ml) ablöschen und den Karamell loskochen. Die Pflaume in 24 gleichmäßige Spalten schneiden und mit dem lauwarmen Balsamico-Karamell marinieren.

Das Hähnchenragout auf 12 Salatblättern anrichten. Mit je 2 Pflaumenspalten und Schnittlauch garnieren.

TUNA | SESAM | PONZU

- 200 g Thunfisch Loin (Saku-Schnitt)
- 30 g weißer und schwarzer Sesam
- Pflanzenöl zum Braten
- 50 g Mayonnaise
- 10 ml hochwertige Ponzusauce
- 2–3 Kopfsalatherzen
- Abrieb von 1 Bio-Zitrone
- 1 Schale Shiso-Kresse

Den Thunfisch in 15 cm lange Quader (3 cm Kantenlänge) schneiden und leicht salzen. Die Quader im Sesam wenden und von jeder Seite ganz kurz in Öl anbraten. Dann kalt stellen.

Mayonnaise und Ponzusauce verrühren und abschmecken. Den Thunfisch in dünne Tranchen schneiden und auf 12 Salatblättern anrichten. Mit der Ponzu-Mayonnaise toppen, mit Zitronenabrieb und Kresse garnieren.

FRITTER

Fritter

– Ergibt je ca. 30 Stück –

ZUCKERMAIS | SOUR CREAM | SCHNITTLAUCH

- 75 ml Milch
- 1 Ei
- 10 ml Ahornsirup
- 20 ml Pflanzenöl, plus mehr zum Ausbacken
- 80 g Mehl
- ½ TL Backpulver
- 200 g Maiskörner (von gegarten Kolben oder aus der Dose)
- 150 g Sour Cream
- 10–12 Halme Schnittlauch, in Stücken
- 10 g gefriergetrockneter Mais
- 30 Stücke Popcorn

Milch, Ei, Ahornsirup, 20 ml Öl und Salz verquirlen. Mit Mehl und Backpulver zu einer sämigen Masse verrühren. Die Maiskörner unterheben und die Masse mit Salz abschmecken. In einer beschichteten Pfanne ca. 1 cm hoch Öl erhitzen und darin ca. 30 kleine Fritter von beiden Seiten goldgelb ausbacken. Auf Küchenpapier abtropfen und auf Raumtemperatur abkühlen lassen.

Die Fritter mit Sour Cream toppen und mit Schnittlauch, gefriergetrocknetem Mais und Popcorn garnieren.

ZUCCHINI | KAROTTE | NIGELLA

- 200 g Karotten
- 200 g Zucchini
- 1 Ei
- 40 g Bergkäse, gerieben
- 15 g Flohsamenschalen
- 10 g Currypulver
- 10 g Nigella (Schwarzkümmelsamen), plus mehr für die Garnitur
- 100 g Magerquark
- Abrieb und Saft von 1 Bio-Zitrone
- 15 ml Olivenöl, plus mehr zum Ausbacken

Karotten und Zucchini grob raspeln, dabei einige feine Karotten- und Zucchinistreifen für die Garnitur beiseitelegen. Die Gemüseraspel mit etwas Salz und Zucker aktivieren und ca. 20 Minuten ziehen lassen. Danach in einem Geschirrtuch gut ausdrücken.

Gemüseraspel, Ei, Käse, Flohsamenschalen, Currypulver und Nigella verrühren und abschmecken. In einer beschichteten Pfanne ca. 1 cm hoch Öl erhitzen und darin ca. 30 kleine Fritter von beiden Seiten goldgelb ausbacken. Auf Küchenpapier abtropfen und auf Raumtemperatur abkühlen lassen.

Den Quark mit Zitronenabrieb, etwas Zitronensaft und 15 ml Olivenöl abschmecken. Die Fritter mit dem Quark toppen, mit Nigella und Gemüsestreifen garnieren.

AUBERGINE | ROSINEN | KAPERN

½ Knoblauchzehe, grob gehackt
30 ml Olivenöl, plus mehr zum Ausbacken
30 g rote Zwiebelwürfel
1 TL Ahornsirup
40 g Kapern, plus mehr für die Garnitur
40 g Rosinen
20 g Pinienkerne
2 Lorbeerblätter
1 Zweig Rosmarin
2 Zweige Thymian
20 ml weißer Traubenessig
150 g passierte Tomaten
4 lange Auberginen
150 g Mehl
1 TL gemahlener Kreuzkümmel
½ TL gemahlener Koriander
½ TL Chiliflocken
150 ml kaltes Wasser
Blattpetersilie, fein geschnitten

Den Knoblauch in 30 ml Olivenöl bei kleiner Hitze bräunen. Die Zwiebelwürfel zufügen und glasig anschwitzen. Ahornsirup, ½ TL Salz, Kapern, Rosinen, Pinienkerne, Lorbeer und Kräuter zugeben und weitere 5 Minuten anschwitzen. Mit dem Essig ablöschen und reduzieren. Dann die Tomaten zufügen und zu einer chutneyartigen Konsistenz einkochen.
Die Auberginen in ca. 5 mm dicke Scheiben schneiden, mit etwas Salz aktivieren und ca. 20 Minuten ziehen lassen. Danach gut ausdrücken.
Mehl, Kreuzkümmel, Koriander und Chiliflocken vermischen. Mit dem Wasser zu einem sämigen Backteig verrühren. In einer beschichteten Pfanne 2–3 cm hoch Öl erhitzen. Die Auberginenscheiben durch den Backteig ziehen und im heißen Öl ca. 30 kleine Fritter goldgelb ausbacken. Auf Küchenpapier abtropfen lassen.
Die Fritter mit dem Kapern-Rosinen-Chutney toppen, mit Kapern und Petersilie garnieren.

SANDWICHES

Sandwiches

– Ergibt je ca. 24 Stück –

CLUB SANDWICH

- 3 Hähnchenbrüste ohne Haut
- Pflanzenöl zum Braten
- 200 g Mayonnaise
- Abrieb und Saft von 1 Bio-Zitrone
- 2 Kopfsalatherzen
- 6 Scheiben Bacon
- 20 ml Ahornsirup
- 12 Wachteleier
- 12 Scheiben Sandwich-Toastbrot
- 40 g Butter, geschmolzen
- 4 Halme Schnittlauch, in Stücken

Die Hähnchenbrust salzen, pfeffern und in Öl anbraten. Dann im Backofen bei 120 °C Umluft 20 Minuten garen. Auskühlen lassen und in Scheiben schneiden.
Die Mayonnaise mit Zitronenabrieb und -saft abschmecken. Die Salatherzen waschen, trocken tupfen und in Streifen schneiden. Den Bacon in 24 Stücke schneiden, mit dem Ahornsirup marinieren und im Backofen bei 160 °C Umluft knusprig rösten. Die Wachteleier wachsweich kochen, pellen und halbieren.
Das Toastbrot mit Butter bestreichen und im Backofen bei 160 °C Umluft in 1–2 Minuten knusprig rösten. Die Brotscheiben dann mit Zitronenmayonnaise bestreichen, mit Salat und Hähnchenbrust belegen und zu Sandwiches zusammensetzen. Die Rinde abschneiden, jedes Sandwich in 4 Dreiecke schneiden und spießen. Mit etwas Zitronenmayonnaise, ½ Wachtelei, Bacon und Schnittlauch garnieren.

REUBEN SANDWICH

- 60 g Schalotten, fein gewürfelt
- 60 g Gewürzgurken, fein gewürfelt
- 60 g Mayonnaise
- 40 g Crème fraîche
- 40 g grober Dijonsenf
- 20 g Ketchup
- 2 g Cayennepfeffer
- 400 g Pastrami
- 100 g Emmentaler, gerieben
- 12 Scheiben Roggen-Kastenbrot
- 60 g Butter
- 250 g Sauerkraut
- 12 Cornichons, längs halbiert

Schalotten, Gewürzgurken, Mayonnaise, Crème fraîche, Senf und Ketchup cremig verrühren. Die Sauce mit Salz und Cayennepfeffer abschmecken.
Pastrami auf ein Backblech legen, mit dem Käse bestreuen und im Backofen bei 140 °C Umluft 4–5 Minuten überschmelzen. Das Brot mit Butter bestreichen und im Backofen bei 160 °C Umluft in 1–2 Minuten knusprig rösten.
Die Brotscheiben dann mit der Sauce bestreichen. 6 Scheiben mit dem überschmolzenen Pastrami belegen, das Sauerkraut daraufschichten und mit den übrigen 6 Scheiben abdecken. Jedes Sandwich in 4 Stücke schneiden und spießen. Mit je ½ Cornichon garnieren.

PITA | SCHAFSKÄSE | APRIKOSE

- 15 g frische Hefe
- 5 g Salz
- 300 ml lauwarmes Wasser
- 500 g Mehl
- 30 ml Olivenöl
- 100 g getrocknete Aprikosen
- 100 ml Orangensaft
- 1 g Chiliflocken
- 400 g Schafskäse (Feta)
- 50 g Aprikosenkonfitüre
- 2 Stängel Blattpetersilie

Hefe und Salz im Wasser auflösen, Mehl und Öl zugeben und alles zu einem glatten Teig verkneten. Diesen abgedeckt ca. 1 Stunde ruhen lassen. Den Teig danach zu 24 Kugeln formen und mit einem Nudelholz zu runden Scheiben ausrollen. Mit etwas Mehl bestäuben und auf einem mit Backpapier belegten Backblech abgedeckt weitere 15 Minuten gehen lassen. Mit etwas Wasser bestreichen und im vorgeheizten Backofen bei 240 °C Umluft 8–10 Minuten backen.

Die Aprikosen im Orangensaft aufkochen und ca. 30 Minuten ziehen lassen. Dann abgießen, dabei den restlichen Saft auffangen. Die Aprikosen grob würfeln und mit den Chiliflocken vermischen. Den Schafskäse mit aufgefangenem Orangensaft und Konfitüre cremig mixen.

Die Pitabrote mit der Schafskäsecreme füllen. Mit Aprikosenwürfeln und Petersilie garnieren.

PITA | FAVA-BOHNEN | GRANATAPFEL

- 15 g frische Hefe
- 5 g Salz
- 300 ml lauwarmes Wasser
- 500 g Mehl
- 50 ml Olivenöl
- 300 g Fava-Bohnenkerne
- 1 Granatapfel
- 100 g Schalottenwürfel
- 2 Zweige Thymian

Aus Hefe, Salz, Wasser, Mehl und 30 ml Öl wie im vorhergehenden Rezept beschrieben 12 Pitabrote zubereiten und backen.

Die Bohnenkerne in Salzwasser blanchieren, abschrecken und die weiße Haut abziehen. Die Kerne aus dem Granatapfel lösen, 4 EL für die Garnitur beiseitelegen.

Schalottenwürfel und Thymian im übrigen Öl (20 ml) anschwitzen, bis sie leicht Farbe annehmen. Salzen und mit der Hälfte der Bohnenkerne cremig pürieren. Die übrigen Bohnenkerne grob hacken, dann mit Bohnenpüree und Granatapfelkernen verrühren. Die Pitabrote mit der Bohnencreme füllen und mit den übrigen Granatapfelkernen garnieren.

CROQUE MONSIEUR | ROSMARINSCHINKEN | BERGKÄSE

- 40 g Butter
- 20 g Mehl
- 200 ml Milch
- geriebene Muskatnuss
- 12 Scheiben Sandwich-Toastbrot
- 60 g körniger Dijonsenf
- 12 Scheiben Bergkäse
- 12 Scheiben Rosmarinschinken
- 100 g Bergkäse, gerieben

Die Butter schmelzen und das Mehl darin hell anschwitzen. Die Milch zugießen und ca. 10 Minuten unter Rühren köcheln lassen. Die Béchamelsauce mit Salz und Muskatnuss abschmecken.

Die Brotscheiben mit Senf bestreichen. Auf 6 Brotscheiben je 2 Scheiben Bergkäse und 2 Scheiben Rosmarinschinken verteilen. Mit der Béchamelsauce toppen und mit den übrigen 6 Brotscheiben abdecken. Mit geriebenem Käse bestreuen und auf das mit Backpapier belegte Ofengitter legen. Im vorgeheizten Backofen bei 180 °C Umluft ca. 6 Minuten überbacken.

Danach jedes Brot in 4 Dreiecke schneiden. Mit Pfeffer toppen und nach Belieben spießen.

Yufka

– Ergibt je 40 Stück –

TOMATE | SERRANOSCHINKEN

- 100 g getrocknete Tomaten in Öl
- 10 Blätter Frühlingsrollenteig (ca. 20 × 20 cm)
- 10 Scheiben Serranoschinken

Die Tomaten mit dem Öl zu einer streichfähigen Paste pürieren. Mit Salz und Pfeffer abschmecken. Die Teigblätter diagonal vierteln, sodass jeweils 4 Dreiecke entstehen. Die Schinkenscheiben längs und quer halbieren.
Die Teigdreiecke dünn mit der Tomatenpaste bestreichen und mit je ¼ Schinkenscheibe belegen. Dann von der breiten Seite her stramm zur Spitze hin aufrollen. Die Rollen auf ein mit Backpapier belegtes Backblech legen und im Backofen bei 180 °C Umluft ca. 10 Minuten backen

---

TOMATE | BASILIKUM

- 100 g getrocknete Tomaten in Öl
- 10 g Basilikum
- 10 g Blattpetersilie
- 100 g Frischkäse
- 10 Blätter Frühlingsrollenteig (ca. 20 × 20 cm)

Die Tomaten mit dem Öl zu einer streichfähigen Paste pürieren. Mit Salz und Pfeffer abschmecken. Basilikum und Petersilie fein schneiden, dann mit dem Frischkäse verrühren. Die Teigblätter diagonal vierteln, sodass jeweils 4 Dreiecke entstehen.
Die Teigdreiecke zuerst mit der Tomatenpaste, dann mit dem Kräuterfrischkäse bestreichen. Von der breiten Seite her stramm zur Spitze hin aufrollen. Die Rollen auf ein mit Backpapier belegtes Backblech legen und im Backofen bei 180 °C Umluft ca. 10 Minuten backen.

TOMATE | ZIEGENKÄSE

- 100 g getrocknete Tomaten in Öl
- 10 Blätter Frühlingsrollenteig (ca. 20 × 20 cm)
- 100 g Ziegenfrischkäse

Die Tomaten mit dem Öl zu einer streichfähigen Paste pürieren. Mit Salz und Pfeffer abschmecken. Die Teigblätter diagonal vierteln, sodass jeweils 4 Dreiecke entstehen.
Die Teigdreiecke zuerst mit der Tomatenpaste, dann mit dem Frischkäse bestreichen. Von der breiten Seite her stramm zur Spitze hin aufrollen. Die Rollen auf ein mit Backpapier belegtes Backblech legen und im Backofen bei 180 °C Umluft ca. 10 Minuten backen.

Tipp: Alles Yufkas lassen sich sehr gut vorbereiten und gerollt tiefkühlen. Die Backzeit verlängert sich dann jeweils um 1–2 Minuten.

BROTZEIT

BROTZEIT

Brotzeit

– Ergibt je ca. 24 Stück –

Bei der Brotzeit sind die einzelnen Brotsorten austauschbar. Wer zum Beispiel kein Nussbrot oder keinen Pumpernickel mag, verwendet stattdessen einfach sein Lieblingsbrot. Je nach Anlass dürfen die Brote auch mal etwas größer oder kleiner ausfallen.

SALZBUTTER | RADIESCHEN

4 Scheiben Sauerteigbrot
100 g Salzbutter
6 Radieschen, in Scheiben
½ Bund Schnittlauch, fein geschnitten
Fleur de Sel

Die Brotscheiben mit Salzbutter bestreichen und in 24 Stücke schneiden. Mit Radieschenscheiben, Schnittlauch und Fleur de Sel garnieren.

GRAVED LACHS | MEERRETTICH

4 Scheiben Sauerteigbrot
100 g Crème fraîche
30 g frisch geriebener Meerrettich
300 g Graved Lachs in Scheiben
1 Stück Meerrettich, in Spänen

Das Brot zuerst in Scheiben, dann in 20 mundgerechte Stücke schneiden. Crème fraîche und Meerrettich verrühren und je 1 Tupfen auf die Brotstücke setzen. Den Lachs auf den Broten zu Röllchen aufdrehen, mit der übrigen Meerrettichcreme toppen und mit Meerrettichspänen garnieren.

CAMEMBERT | PREISELBEEREN

100 g frische Preiselbeeren
100 g Roh-Rohrzucker
400 g Camembert
24 Scheiben Baguette

Die Preiselbeeren waschen und gut trocknen. Mit dem Zucker in eine Küchenmaschine geben und auf kleiner Stufe rühren, bis sich der Zucker vollständig aufgelöst hat. Den Camembert in Scheiben schneiden, auf die Baguettescheiben legen und mit den Preiselbeeren toppen.
Tipp: Das Rühren von Beeren und Zucker kann mehrere Stunden dauern. Die Preiselbeeren lassen sich jedoch gut auf Vorrat zubereiten und für eine weitere Verwendung gekühlt lagern.

ZIEGENKÄSE | SANDDORN

24 Ziegenfrischkäse-Taler (à 10 g)
24 Pumpernickel-Taler
100 g Sanddorngelee
12 Löwenmäulchenblüten, halbiert

Die Käse-Taler auf die Pumpernickel-Taler legen. Das Sanddorngelee mit einem Spritzbeutel auf den Käse dressieren. Jeweils mit ½ Blüte garnieren.

BERGKÄSE | BIRNE | FEIGE

200 g Nussbrot
200 g Bergkäse
2 frische Feigen
100 g Birnen-Feigenpaste (von Kirberg)

Das Brot zuerst in dünne Scheiben, dann in 24 mundgerechte Stücke schneiden. Die Stücke im vorgeheizten Backofen bei 120 °C Umluft in ca. 20 Minuten zu trockenen Chips rösten.
Den Bergkäse in 24 Dreiecke schneiden. Aus den Feigen 24 Spalten schneiden. Den Bergkäse auf die Brotchips legen, mit Birnen-Feigenpaste und je 1 Feigenspalte toppen.

FRISCHKÄSE | GARTENKRESSE | TOMATE

24 Scheiben Körnerbaguette
300 g Frischkäse
6 mittlere Strauchtomaten
Fleur de Sel
1 Schale Gartenkresse

Die Baguettescheiben mit dem Frischkäse bestreichen. Die Tomaten in Scheiben schneiden. Je 1 Scheibe auf die Brote legen, mit Fleur de Sel toppen und mit Gartenkresse garnieren.

TÊTE DE MOINE | APFEL | INGWER

1 Apfel
50 g Ingwer
100 g mittelscharfer Senf
300 g Tête de Moine
24 Pumpernickel-Taler

Den Apfel schälen, entkernen und 24 Spalten für die Garnitur herausschneiden. Den restlichen Apfel fein würfeln. Den Ingwer schälen, fein reiben und mit Apfelwürfeln und Senf glatt verrühren.
Den Tête de Moine mit einer Girolle zu 24 feinen Rosetten drehen. Je 1 Rosette und auf die Pumpernickel-Taler setzen, mit Apfelsenf toppen und mit 1 Apfelspalte garnieren.

FRÜCHTEBROT | ZIEGENKÄSE | AHORNSIRUP

240 g Früchtebrot
300 g cremiger Ziegenfrischkäse
60 ml Ahornsirup

Das Früchtebrot zuerst in Scheiben, dann in 24 mundgerechte Stücke schneiden. Den Frischkäse glatt rühren und mit einem Spritzbeutel auf die Brote dressieren. Mit einem Teelöffel eine kleine Mulde hineindrücken und diese mit Ahornsirup füllen.

PILZ-PÂTÉ | CORNICHON

240 g Sauerteigbrot
300 g Champignons
100 g Shiitakepilze
1 Schalotte
Rapsöl zum Braten
50 g Cashewkerne
20 ml Sojasauce
12 Cornichons
1 Schale Enoki-Pilze

Das Brot zuerst in dünne Scheiben, dann in 24 mundgerechte Stücke schneiden. Die Stücke im vorgeheizten Backofen bei 120 °C Umluft in ca. 20 Minuten zu trockenen Chips rösten.
Champignons und Shiitake grob würfeln, Schalotte schälen und fein würfeln. Alles mit etwas Rapsöl in einer Pfanne anbraten. Die Cashewkerne zugeben, leicht mitbraten und mit Sojasauce ablöschen. Kurz reduzieren, dann alles im Mixer pürieren. Die Pâté mit Salz und Pfeffer abschmecken.
Die Cornichons längs halbieren und auffächern. Die Pilz-Pâté mit einem Spritzbeutel auf die Brotchips dressieren, mit je 1 Cornichonfächer und Enoki-Pilzen garnieren.

KRÄUTERQUARK | ROSA PFEFFER

240 g Holzbackbrot
50 g frische Kräuter (Petersilie, Kerbel, Schnittlauch, Estragon, Minze)
400 g Magerquark
40 ml Olivenöl
Abrieb und Saft von 1 Bio-Zitrone
Rosa Pfefferbeeren

Das Brot zuerst in Scheiben, dann in 24 mundgerechte Stücke schneiden. Die Kräuter fein schneiden, dabei einige Spitzen für die Garnitur beiseitelegen.
Den Quark mit Olivenöl, Zitronenabrieb und etwas Zitronensaft verrühren. Die geschnittenen Kräuter zugeben und glatt rühren. Mit Salz und Pfeffer abschmecken.
Den Kräuterquark mit einem Löffel auf die Brotstücke geben. Mit Pfefferbeeren toppen und mit Kräuterspitzen garnieren.

JAHRGANGSSARDINE | JOHANNISBEER | SCHALOTTEN

240 g Holzbackbrot
6 Jahrgangssardinen in Öl
1 Schalotte
24 Rote Johannisbeeren

Das Brot zuerst in Scheiben, dann in 24 mundgerechte Stücke schneiden. Die Sardinen abtropfen lassen, dabei das Öl auffangen. Die Mittelgräte entfernen und die Filets halbieren.
Die Schalotte schälen und in feine Streifen schneiden. Mit Salz, Zucker und etwas aufgefangenem Öl leicht anketen. Die Sardinen auf die Brotstücke legen. Mit Schalottenstreifen und je 1 Johannisbeere toppen, mit dem restlichen Öl beträufeln.

SCHAFSKÄSE | KÜRBIS | APRIKOSE

100 g Hokkaido-Kürbis
Olivenöl
40 g Aprikosenkonfitüre
240 g Sauerteigbrot
300 g Schafskäse (Feta) in Lake
2 Aprikosen, in Spalten
24 Kürbiskerne

Den Kürbis würfeln, salzen, zuckern und mit etwas Olivenöl marinieren. Auf einem mit Backpapier belegten Backblech im Backofen bei 180 °C Umluft ca. 15 Minuten garen. Danach mit der Konfitüre im Mixer fein pürieren.
Das Brot zuerst in Scheiben, dann in 24 mundgerechte Stücke schneiden. Den Schafskäse in 24 passende Scheiben schneiden.
Den Käse auf die Brotstücke setzen und mit der Kürbis-Aprikosen-Creme toppen. Mit je 1 Aprikosenspalte und 1 Kürbiskern garnieren.

RAUCHFORELLE | SAUERRAHM | KERBEL

100 g Sauerrahm
Abrieb und Saft von 1 Bio-Zitrone
300 g Rauchforelle
24 Pumpernickel-Taler
24 Kerbelblätter

Den Sauerrahm mit Zitronenabrieb und etwas Zitronensaft glatt rühren. Mit Salz abschmecken. Die Forelle mit einem Ausstecher in Größe der Pumpernickel-Taler rund ausstechen. Die Forellen-Taler auf den Pumpernickel setzen, mit Sauerrahm toppen und mit je 1 Kerbelblatt garnieren.

MATJES | APFEL | SENFKÖRNER

240 g Vollkornbrot
400 g Matjesfilet
1 EL Senfkörner
100 ml Apfelsaft
½ Apfel
1 Schale Kapuzinerkresse

Das Brot zuerst in Scheiben, dann in 24 mundgerechte Stücke schneiden. Den Matjes in 24 passende Stücke schneiden. Die Senfkörner im Apfelsaft garen, bis sie weich sind und die komplette Flüssigkeit aufgesogen haben. Dabei evtl. etwas Wasser nachgießen. Mit Salz abschmecken.
Den Apfel schälen, entkernen und fein würfeln. Mit den marinierten Senfkörnern vermischen. Die Matjesstücke auf die Brotstücke setzen. Mit den marinierten Apfelwürfeln toppen und mit Kapuzinerkresse garnieren.

NORDSEEKRABBEN I SCHMAND | ZITRONE

300 g Nordseekrabben
100 g Schmand
Cayennepfeffer
Saft und Zesten von 1 Bio-Zitrone
24 Pumpernickel-Taler
24 Dillspitzen

Ein Drittel der Krabben für die Garnitur beiseitelegen. Die übrigen Krabben mit Schmand, Salz, Cayennepfeffer und etwas Zitronensaft abschmecken. Die Krabbencreme auf die Pumpernickel-Taler setzen. Mit den restlichen Krabben toppen, mit Zitronenzesten und je 1 Dillspitze garnieren.

BEIZLACHS | SENFSAUCE | DILL

4 Scheiben Vollkornbrot
3–4 Stängel Dill
2 EL mittelscharfer Senf
20 ml Ahornsirup
300 g gebeizter Lachs

Die Brotscheiben jeweils in 6 Stücke schneiden. Den Dill fein schneiden, dabei 24 Spitzen für die Garnitur beiseitelegen. Senf, Dill und Ahornsirup glatt verrühren.
Den Lachs fein würfeln und jeweils als Nocke auf die Brotstücke setzen. Mit der Senfsauce toppen und mit je 1 Dillspitze garnieren.

HÄHNCHEN | ZITRONENTHYMIAN

- 240 g Roggenbrot
- 400 g Hähnchenbrust
- Pflanzenöl zum Braten
- 120 g Frischkäse
- 2 Zweige Blattpetersilie, abgezupft
- 3 Zweige junger Zitronenthymian, abgezupft
- Piment d'Espelette

Das Brot zuerst in dünne Scheiben, dann in 24 mundgerechte Stücke schneiden. Die Stücke im vorgeheizten Backofen bei 120 °C Umluft in ca. 20 Minuten zu trockenen Chips rösten.
Das Fleisch salzen, pfeffern und in etwas Öl anbraten. Dann im Backofen bei 120 °C Umluft 20 Minuten garen. Auskühlen lassen und in 24 dünne Scheiben schneiden.
Den Frischkäse mit Petersilie und einigen Thymianblättern fein mixen. Etwas Frischkäsecreme auf die Brotchips geben und je 1 Fleischscheibe darauflegen. Mit der restlichen Frischkäsecreme und Piment d'Espelette toppen, mit je 1 weichen Thymianspitze garnieren

ROASTBEEF | SAUCE TARTARE

- 300 g Roastbeef
- 20 ml Rapsöl
- je 2 Zweige Rosmarin und Thymian
- 1 Ei
- 1 Gewürzgurke
- 1 EL Kapern
- 2–3 Stängel frische Kräuter (z.B. Dill, Blattpetersilie, Schnittlauch)
- 150 g Mayonnaise
- 240 g Nussbrot

Das Roastbeef salzen, pfeffern und in einer Pfanne im Rapsöl rundum anbraten. Rosmarin und Thymian zugeben und das Fleisch im Backofen bei 65 °C Umluft auf 56 °C Kerntemperatur garen. Herausnehmen, mit den Kräutern in Backpapier wickeln und im Kühlschrank auskühlen lassen.
Die Eier wachsweich kochen, pellen und fein würfeln. Die Gurke ebenfalls fein würfeln. Kapern und Kräuter hacken, dabei 24 Kräuterspitzen für die Garnitur beiseitelegen. Eier, Gurken, Kapern, Kräuter und Mayonnaise verrühren und abschmecken.
Das Brot zuerst in Scheiben, dann in 24 mundgerechte Stücke schneiden. Das Roastbeef in dünne Scheiben schneiden und auf den Brotstücken anrichten. Mit Sauce Tartare toppen und mit je 1 Kräuterspitze garnieren.

HACKEPETER | SCHALOTTEN | SCHWARZER PFEFFER

4 Scheiben Vollkornbrot
360 g frisches Mett
schwarzer Pfeffer
1 Schalotte
Fleur de Sel
24 Schnittlauchspitzen

Die Brotscheiben jeweils in 6 Stücke schneiden. Das Mett mit schwarzem Pfeffer und Salz abschmecken und auf den Brotstücken verteilen.
Die Schalotte schälen, in feine Ringe schneiden und auf dem Mett verteilen. Mit grob gemahlenem schwarzem Pfeffer und Fleur de Sel toppen, mit je 1 Schnittlauchspitze garnieren.

ITALIENISCHE SALAMI | FENCHEL

240 g Körnerbrot
100 g Salzbutter
300 g Fenchelsalami am Stück
100 g Frischkäse
1 EL Fenchelsamen
24 Spitzen Fenchelgrün

Das Brot zuerst in Scheiben, dann in 24 mundgerechte Stücke schneiden. Diese mit der Salzbutter bestreichen. Die Salami in 24 passende Würfel schneiden und auf die Brotstücke legen.
Den Frischkäse glatt rühren und mit einem Spritzbeutel auf die Salami dressieren. Mit Fenchelsamen und Fenchelgrün toppen.

PIZZA & PINSA

BASISREZEPT PIZZABÖDEN

– Ergibt ca. 50 Stück –

- 42 g frische Hefe (1 Würfel)
- 250 ml lauwarmes Wasser
- 1 TL Salz
- 1 Prise Zucker
- 500 g Weizenmehl (Tipo 00)
- 2 EL Olivenöl

Die Hefe ins Wasser bröseln, Salz und Zucker zugeben. Verrühren, bis sich die Hefe aufgelöst hat. Das Mehl in eine Schüssel sieben. Öl und Hefewasser zugeben und alles mit den Knethaken des Handrührgeräts verrühren. Den Teig dann auf der bemehlten Arbeitsfläche mit den Händen durchkneten, bis er elastisch ist. In einer Schüssel abgedeckt an einem warmen Ort ca. 45 Minuten gehen lassen.

Den Teig nochmals durchkneten, zu ca. 50 Kugeln formen und zu runden (Ø ca. 7 cm) oder ovalen Pizzaböden ausrollen. Die Böden je nach Rezept belegen und auf einem bemehlten Pizzastein im vorgeheizten Backofen bei 230 °C Umluft 8–10 Minuten backen. Auskühlen lassen.

BASISREZEPT PINSABÖDEN

– Ergibt 4 Stück –

- 380 g Weizenmehl (Tipo 00)
- 100 g Reismehl
- 50 g Sojamehl
- 5 g frische Hefe
- 300 ml kaltes Wasser
- 1 TL Salz
- 50 ml Olivenöl

Alle Mehlsorten in eine Schüssel sieben. Hefe und Wasser zugeben und alles mit den Knethaken des Handrührgeräts 5 Minuten verrühren. Salz und Öl zugeben und weiter zu einem geschmeidigen Teig verkneten. Diesen abgedeckt zuerst 1 Stunde bei Raumtemperatur, dann mind. 24 Stunden im Kühlschrank ruhen lassen.

Am Folgetag den Teig zu 4 Kugeln formen und nochmals 1 Stunde gehen lassen. Dann zu länglichen Fladen (15 × 30 cm) ausrollen. Die Fladen auf einem bemehlten Pizzastein im vorgeheizten Backofen bei 230 °C Umluft 8–10 Minuten blind backen. Auskühlen lassen, dann je nach Rezept belegen und fertig backen.

Tipp: Beide Böden lassen sich gut auf Vorrat zubereiten und tiefkühlen. Die Pizzaböden roh, die Pinsaböden vorgebacken tiefkühlen. Vor der Verwendung dann auftauen lassen, belegen und backen.

Pizza & Pinsa

– Ergibt je ca. 24 Pizzen und ca. 18 Pinse –

PIZZA TOMATE | BÜFFELMOZZARELLA

200 g Pizzatomaten (Dose)
1 TL getrockneter Oregano
24 Kirschtomaten
200 g Büffelmozzarella
1 EL Olivenöl
2 Stängel Basilikum, abgezupft

Pizzatomaten und Oregano verrühren. Kirschtomaten in Scheiben schneiden, Mozzarella würfeln. Die Tomatensauce auf 24 Pizzaböden verteilen und mit Tomatenscheiben und Mozzarellawürfeln belegen. Wie im Basisrezept Seite 63 beschrieben backen.
Die Pizzen nach dem Backen mit etwas Olivenöl beträufeln und mit Basilikumblättern garnieren.

PIZZA SALSICCIA | FENCHELSAMEN | ORANGE

200 g frische Salsiccia
Pflanzenöl zum Braten
1 EL Tomatenmark
1 EL Fenchelsamen
200 g passierte Tomaten (Dose)
100 g Parmesanspäne
Abrieb von 1 Bio-Orange

Das Wurstbrät aus der Pelle drücken und in einer Pfanne mit wenig Öl anbraten, dabei zerdrücken. Tomatenmark und Fenchelsamen zugeben und kurz mitrösten. Mit den passierten Tomaten ablöschen und alles langsam zu einer sämigen Sauce köcheln lassen.
Das Ragù auf 24 ovalen Pizzaböden verteilen und mit Parmesanspänen bestreuen. Wie im Basisrezept Seite 63 beschrieben backen. Die Pizzen nach dem Backen mit Orangenabrieb toppen.

PIZZA PARMASCHINKEN | PARMIGIANO | TOMATE

200 g Pizzatomaten (Dose)
1 TL getrockneter Oregano
100 g Parmesanspäne
150 g Parmaschinken in dünnen Scheiben

Pizzatomaten und Oregano verrühren und auf 24 Pizzaböden verteilen. Mit 50 g Parmesanspänen belegen. Wie im Basisrezept Seite 63 beschrieben backen. Die Pizzen sofort nach dem Backen mit Schinkenscheiben und übrigen Parmesanspänen (50 g) toppen.

PINSA BRUSCHETTA | TOMATE | BASILIKUM

200 g Pizzatomaten (Dose)
400 g Strauchtomaten
50 g rote Zwiebeln
50 g Olivenöl
dunkler Balsamico-Essig
10 Stängel Basilikum, grob geschnitten

Einen vorgebackenen Pinsaboden mit den Pizzatomaten bestreichen und im vorgeheizten Backofen bei 230 °C Umluft 8–10 Minuten backen.
Inzwischen die Tomaten vierteln, Stielansatz und Kerne entfernen, das Fruchtfleisch in feine Würfel schneiden. Die Zwiebeln schälen und fein würfeln. Mit den Tomatenwürfeln mischen und mit Olivenöl, Balsamico, Salz und Pfeffer abschmecken. Das Basilikum unterheben.
Die Pinsa sofort nach dem Backen mit der Tomatenmischung toppen und in 18 Ecken schneiden.

PINSA CARBONARA | GUANCIALE | EIGELB

120 g Guanciale
200 g Crème fraîche
100 g Pecorino, gerieben
2 Eigelb
1 EL Petersilienöl

Guanciale würfeln und in einer Pfanne bei mittlerer Hitze in ca. 10 Minuten hell anrösten. Inzwischen Crème fraîche und Pecorino verrühren. Einen vorgebackenen Pinsaboden mit der Creme bestreichen, die geröstete Guanciale darauf verteilen und im vorgeheizten Backofen bei 230 °C Umluft 8–10 Minuten backen.
Die Eigelbe verquirlen und in eine Quetschflasche füllen. Sofort nach dem Backen in dünnem Strahl auf der heißen Pinsa verteilen, sodass die Eigelbe durch die Hitze stocken. Die Pinsa mit Petersilienöl toppen und in 18 Ecken schneiden.

FOCACCE & CROSTINI

FOCACCE & CROSTINI

Focacce & Crostini

– Ergibt je ca. 24 Stück und ca. 60 Stücke Focaccia –

FOCACCIA | ROSMARIN | FIOR DI SALE

20 g frische Hefe
15 g Salz
450 ml lauwarmes Wasser
700 g Mehl
200 ml Olivenöl
Fleur de Sel
1 rote Zwiebel, in Spalten geschnitten
4–5 Zweige Rosmarin, grob gezupft

Hefe und Salz im Wasser auflösen. Mehl, 100 ml Olivenöl und Hefewasser zu einem glatten Teig verkneten. Den Teig zu einem Rechteck formen und auf ein geöltes Backblech geben. Mit Olivenöl einreiben, mit Frischhaltefolie abdecken und ca. 1 Stunde gehen lassen.
Den Teig dann mit Fleur de Sel, Zwiebelspalten und Rosmarin belegen und weitere 20 Minuten gehen lassen. Im vorgeheizten Backofen bei 230 °C Umluft 15 Minuten backen. Die Temperatur auf 190 °C reduzieren und in weiteren 10 Minuten fertig backen. Aus dem Ofen nehmen, das restliche Öl auf der Focaccia verteilen, auskühlen lassen und in 60 Stücke schneiden.

FOCACCIA | OLIVE | TOMATE

20 g frische Hefe
15 g Salz
450 ml lauwarmes Wasser
700 g Mehl
200 ml Olivenöl
Fleur de Sel
100 g Kirschtomaten
100 g schwarze Oliven, entsteint

Aus Hefe, Salz, Wasser, Mehl und 100 ml Olivenöl wie im vorhergehenden Rezept beschrieben einen Teig zubereiten, formen und gehen lassen.
Den Teig dann mit Fleur de Sel, Tomaten und Oliven belegen und weitere 20 Minuten gehen lassen. Im vorgeheizten Backofen bei 230 °C Umluft 15 Minuten backen. Die Temperatur auf 190 °C reduzieren und in weiteren 10 Minuten fertig backen. Aus dem Ofen nehmen, das restliche Öl auf der Focaccia verteilen, auskühlen lassen und in 60 Stücke schneiden.

FOCACCIA | KÜRBIS | KURKUMA

20 g frische Hefe
15 g Salz
10 g gemahlene Kurkuma
350 ml lauwarmes Wasser
700 g Mehl
100 ml Kürbiskernöl
150 g Kürbispüree
100 g Kürbiskerne
100 ml Olivenöl
Fleur de Sel
150 g Hokkaido-Kürbis, in Spalten

Hefe, Salz und Kurkuma im Wasser auflösen. Mehl, Kürbiskernöl, Kürbispüree, 50 g Kürbiskerne und Hefewasser zu einem glatten Teig verkneten. Den Teig zu einem Rechteck formen und auf ein geöltes Backblech geben. Mit Olivenöl einreiben, mit Frischhaltefolie abdecken und ca. 1 Stunde gehen lassen.
Den Teig mit Fleur de Sel, Kürbisspalten und übrigen Kürbiskernen (50 g) belegen und weitere 20 Minuten gehen lassen. Im vorgeheizten Backofen bei 230 °C Umluft 15 Minuten backen. Die Temperatur auf 190 °C reduzieren und in weiteren 10 Minuten fertig backen. Aus dem Ofen nehmen, das restliche Olivenöl auf der Focaccia verteilen, auskühlen lassen und in 60 Stücke schneiden.

GRISSINI | PROSCIUTTO DI PARMA

15 g frische Hefe
6 g Salz
240 ml lauwarmes Wasser
400 g Mehl
50 ml Olivenöl
Hartweizengrieß
24 Scheiben Parmaschinken

Hefe und Salz im Wasser auflösen. Mehl, 30 ml Olivenöl und Hefewasser zu einem glatten Teig verkneten. Den Teig zu einem Rechteck formen und auf ein geöltes Backblech legen. Mit dem übrigen Öl (20 ml) einreiben, mit Frischhaltefolie abdecken und ca. 1 Stunde gehen lassen.
Danach vom Teig mit einem langen Spachtel 24 dünne Streifen abstechen, zu Grissini lang ziehen und auf ein beschichtetes Lochblech legen. Mit etwas Hartweizengrieß bestreuen und im vorgeheizten Backofen bei 220 °C Umluft 8–10 Minuten backen. Aus dem Ofen nehmen, auskühlen lassen und mit je 1 Schinkenscheibe umwickeln.

AVOCADO | PICO DE GALLO

240 g Ciabatta
1–2 Avocados
Saft von 1 Limette
1 Strauchtomate
1 kleine rote Zwiebel
1 rote Peperoni
2 Stängel Koriandergrün, abgezupft

Das Ciabatta zuerst in Scheiben, dann in 24 mundgerechte Stücke schneiden. Die Avocados halbieren, entsteinen und schälen. Das Fruchtfleisch mit der Hälfte vom Limettensaft mit einer Gabel zerdrücken, mit Salz und Pfeffer abschmecken.
Die Tomate vierteln, Stielansatz und Kerne entfernen, das Fruchtfleisch in feine Würfel schneiden. Die Zwiebel schälen und fein würfeln. Tomate, Zwiebel und übrigen Limettensaft vermischen. Die Peperoni in feine Ringe schneiden und zugeben. Das Picco de Gallo mit Salz abschmecken.
Die zerdrückte Avocado auf die Ciabattastücke geben, mit Pico de Gallo toppen und mit Koriandergrün garnieren.

BOHNENCREME | THUNFISCH | ROTE ZWIEBEL

200 g Focaccia
Olivenöl
50 g weiße Bohnenkerne
1 Schalotte, gewürfelt
1 Zweig Thymian
20 ml Weißwein
240 g Thunfisch Loin (Saku-Schnitt)
1 rote Zwiebel
10 ml weißer Balsamico-Essig
1 Schale rote Kresse

Die Focaccia in 24 Chips schneiden, mit etwas Olivenöl beträufeln und im vorgeheizten Backofen bei 140 °C Umluft in ca. 15 Minuten knusprig rösten. Bohnenkerne, Schalotte und Thymian in etwas Olivenöl anschwitzen und salzen. Mit Weißwein ablöschen, etwas Wasser angießen und weich kochen. Danach cremig pürieren.
Den Thunfisch in lange Quader schneiden. Diese salzen, pfeffern und in Öl von jeder Seite ca. 10 Sekunden scharf anbraten. Die Zwiebel schälen und in 24 Lamellen schneiden. In etwas Öl anschwitzen, salzen, zuckern und mit Balsamico ablöschen.
Den Thunfisch in Scheiben schneiden. Mit Bohnencreme und Zwiebel auf den Focacciachips anrichten. Mit Kresse garnieren.

GRÜNER SPARGEL | ROMESCO

200 g Focaccia
Olivenöl
100 g getrocknete Tomaten in Öl
100 g Piquillo-Paprika
60 g Mandelblättchen, geröstet
Sherryessig
Pimentón de la vera forte
24 Stangen grüner Spargel

Die Focaccia zuerst in dünne Scheiben, dann in 24 Dreiecke schneiden. Diese mit etwas Olivenöl beträufeln und im vorgeheizten Backofen bei 140 °C Umluft in ca. 15 Minuten knusprig rösten.
Tomaten, Piquillo-Paprika und Mandelblättchen cremig pürieren. Den Dip mit Sherryessig, Salz, Zucker und Pimentón de la vera abschmecken. Den Spargel in gut gesalzenem Wasser blanchieren und abschrecken. Die Spitzen zuschneiden und mit etwas Olivenöl marinieren.
Den Romesco-Dip auf den Focacciaecken verteilen und mit je 1 Spargelspitze toppen.

JAHRGANGSSARDINEN | PIMENTÓN DE LA VERA

200 g Focaccia
Olivenöl
4 Jahrgangssardinen in Öl
Pimentón de la vera dulce

Die Focaccia in 24 Würfel schneiden, mit etwas Olivenöl beträufeln und im vorgeheizten Backofen bei 140 °C Umluft in ca. 15 Minuten knusprig rösten. Die Mittelgräte der Sardinen entfernen und die Fische in 24 Stücke schneiden. Die Sardinenstücke auf den Focacciawürfeln anrichten und mit Pimentón de la vera toppen.

PAPRIKA | ROSINEN | KAPERN

200 g Focaccia
Olivenöl
1 rote Paprika
1 gelbe Paprika
1 Schalotte, fein gewürfelt
50 g Rosinen
50 g Kapern
10 ml Apfelsaft

Die Focaccia in 24 Chips schneiden, mit etwas Olivenöl beträufeln und im vorgeheizten Backofen bei 140 °C Umluft in ca. 15 Minuten knusprig rösten.
Die Paprika vierteln und die Kerne entfernen. Mit Salz, Pfeffer, Zucker und Olivenöl marinieren und mit der Hautseite nach oben auf ein Backblech legen. Im Backofen bei 170 °C Umluft 15–20 Minuten garen. Danach sofort ca. 15 Minuten in ein Gefäß mit Deckel geben, damit der Dampf nicht entweicht. Die Paprika häuten und in kleine Rechtecke schneiden.
Die Schalottenwürfel in etwas Olivenöl anschwitzen. Rosinen, Kapern und Apfelsaft zugeben und zu einer chutneyartigen Konsistenz köcheln lassen. Danach grob durchhacken oder mixen.
Die Paprikastücke auf den Focacciachips anrichten und mit der Rosinen-Kapern-Paste toppen.

OLIVENTAPENADE | ROSMARIN | TOMATE

200 g Focaccia
70 ml Olivenöl, plus mehr zum Beträufeln
150 g schwarze Oliven, entsteint
40 g Kapern
Saft von 1 Zitrone
12 Kirschtomaten
2 Zweige Rosmarin, abgezupft

Die Focaccia zuerst in dünne Scheiben, dann in 24 Dreiecke schneiden. Diese mit etwas Olivenöl beträufeln und im vorgeheizten Backofen bei 140 °C Umluft in ca. 15 Minuten knusprig rösten.
Oliven, Kapern und 70 ml Olivenöl im Mixer zu einer cremigen, aber nicht zu feinen Paste mixen. Die Tapenade mit Zitronensaft abschmecken.
Die Tomaten quer halbieren, salzen und zuckern. Mit etwas Olivenöl beträufeln und mit den Rosmarinnadeln auf einem Backblech im Backofen bei 70 °C Umluft trocknen.
Die Tapenade auf die Focacciaecken streichen. Mit je ½ Tomate und einigen Rosmarinnadeln garnieren.

CARNE CRUDA | SALSA VERDE

- 200 g Focaccia
- 50 ml Olivenöl, plus mehr zum Beträufeln
- 400 g Kalbshüfte oder -filet
- Saft von 1 Zitrone
- 50 g Blattpetersilie
- 10 g Basilikum
- 30 g Parmesan, gerieben
- 10 g Pinienkerne
- 24 Parmesanspäne
- Friseesalat

Die Focaccia zuerst in dünne Scheiben, dann in 24 Dreiecke schneiden. Diese mit etwas Olivenöl beträufeln und im vorgeheizten Backofen bei 140 °C Umluft in ca. 15 Minuten knusprig rösten.

Das Kalbfleisch mit einem Messer fein schneiden. Mit Salz, Pfeffer, Olivenöl und Zitronensaft marinieren.

Petersilie, Basilikum, 50 ml Olivenöl, Parmesan und Pinienkerne zu einer cremigen Konsistenz mixen. Die Salsa mit Salz und Pfeffer abschmecken.

Das Fleisch jeweils als Nocke auf die Focacciaecken setzen. Mit etwas Salsa verde und Parmesanspänen toppen. Mit Friseesalat garnieren.

PAN CON TOMATE | JAMON IBERICO

- 240 g Ciabatta
- Olivenöl
- 2 Strauchtomaten
- Fleur de Sel
- 24 dünne Scheiben Jamon Iberico

Das Ciabatta in 24 Scheiben schneiden. Diese mit Olivenöl beträufeln und im vorgeheizten Backofen bei 140 °C Umluft in ca. 15 Minuten knusprig rösten.

Die Tomaten halbieren. Die Ciabattascheiben mit der Schnittfläche der Tomaten abreiben. Mit etwas Fleur de Sel bestreuen und den Schinken darauf anrichten.

ZIEGENKÄSE | BIRNE | LORBEER

- 2 Birnen
- 1 Schalotte
- Olivenöl zum Braten
- 20 ml Birnen-Balsamico
- 50 ml Ahornsirup
- 4 frische Lorbeerblätter
- 4 Sesambrötchen
- 360 g cremiger Ziegenfrischkäse

Aus 1 Birne 48 schöne Spalten schneiden und für die Garnitur beiseitelegen. Angeschnittene und übrige Birne schälen, entkernen und fein würfeln. Die Schalotte schälen, fein würfeln und in Olivenöl glasig anschwitzen. Mit Balsamico und Ahornsirup ablöschen. Birnenwürfel und Lorbeerblätter zugeben und zu einer chutneyartigen Konsistenz einkochen.

Von jedem Sesambrötchen 6 mundgerechte Kanten abschneiden (das Innere z. B. für Semmelbrösel verwenden).

Den Ziegenkäse mit einem Spritzbeutel auf die Brote dressieren. Mit dem Birnenchutney toppen und mit je 2 Birnenspalten garnieren.

GERÖSTETE PILZE | PINIENKERN-MARZIPAN

- 200 g Focaccia
- Olivenöl
- 50 g Pinienkerne
- 30 g Marzipanrohmasse
- 250 g Buchenpilze
- 2 Zweige Thymian
- 2 Zweige Rosmarin
- 1 Schale Limonenkresse

Die Focaccia in 24 Würfel schneiden, mit etwas Olivenöl beträufeln und im vorgeheizten Backofen bei 140 °C Umluft in ca. 15 Minuten knusprig rösten.

Die Pinienkerne mit in den Ofen schieben und ebenfalls ca. 15 Minuten rösten. Dann eine Hälfte der Kerne mit dem Marzipan fein mixen, die zweite Hälfte im Ganzen unterkneten.

Buchenpilze und Kräuter in einer Pfanne in Olivenöl anbraten. Mit Salz und Pfeffer abschmecken. Pinienkern-Marzipan und Pilze auf den Focacciawürfeln anrichten. Mit Limonenkresse garnieren.

ROSA LAMMRÜCKEN | GEWÜRZJOGHURT

200 g Focaccia
Olivenöl
300 g Lammrücken
2 Zweige Rosmarin
2 Zweige Thymian
120 g griechischer Joghurt
Saft von 1 Limette
1 EL Dukkah
1 Schale Limonenkresse

Die Focaccia in 24 längliche Chips schneiden, mit etwas Olivenöl beträufeln und im vorgeheizten Backofen bei 140 °C Umluft in ca. 15 Minuten knusprig rösten.
Den Lammrücken salzen und pfeffern. In einer Pfanne mit den Kräutern in Olivenöl rundum anbraten, dann im Backofen bei 120 °C Umluft auf 56 °C Kerntemperatur rosa garen. Mit den Kräutern in Backpapier wickeln und im Kühlschrank auskühlen lassen. Den Joghurt mit Salz und Limettensaft abschmecken.
Den Lammrücken in 24 Würfel schneiden und auf den Focacciachips anrichten. Mit Joghurt und Dukkah toppen und mit Limonenkresse garnieren.

MOZZARELLA | WALNUSSPESTO

240 g Gewürzbaguette
½ rote Paprika
½ gelbe Paprika
Ahornsirup
Olivenöl
100 g Walnusskerne
50 g getrocknete Tomaten in Öl
50 ml Walnussöl
20 g Parmesan, gerieben
300 g Büffelmozzarella
Fleur de Sel

Das Baguette in 12 Scheiben schneiden und diese nochmals halbieren. Die Paprika jeweils in 24 Ecken schneiden. Die Ecken mit Salz, Ahornsirup und Olivenöl marinieren.
Von den Walnüssen 24 kleine Stücke für die Garnitur beiseitelegen. Die restlichen Nüsse mit getrockneten Tomaten, Walnussöl und Parmesan cremig pürieren. Das Pesto mit Salz und Pfeffer abschmecken.
Den Mozzarella in 24 Stücke schneiden und auf den Baguettescheiben anrichten. Mit Walnusspesto und Fleur de Sel toppen, mit je 2 Paprikaecken und 1 Walnusstück garnieren.

PRESA IBERICO | PESTO

200 g Focaccia
300 g Presa Iberico
2 Zweige Thymian
2 Zweige Rosmarin
100 ml Olivenöl
30 g Basilikum
30 g Blattpetersilie
25 g Parmesan, gerieben
20 g Pinienkerne
3 g Salz

Die Focaccia in 24 Würfel schneiden. Die Presa salzen und pfeffern. In einer Pfanne mit Thymian und Rosmarin in etwas Olivenöl rundum anbraten, dann im vorgeheizten Backofen bei 120 °C Umluft ca. 20 Minuten garen. Mit Thymian und Rosmarin in Backpapier wickeln und im Kühlschrank auskühlen lassen.
Vom Basilikum 24 kleine Blätter für die Garnitur abzupfen. Übriges Basilikum mit Petersilie, Parmesan, Pinienkernen, übrigem Olivenöl und Salz zu einem Pesto mixen.
Das Fleisch in 24 Stücke schneiden und auf den Focacciawürfeln anrichten. Mit Pesto toppen und mit je 1 Basilikumblatt garnieren.

MAISPOULARDE | ZUCKERERBSE

200 g Focaccia
Olivenöl
300 g Maishähnchenbrust
100 g Zuckerschoten
100 g Frischkäse
1 Schale Erbsenkresse

Die Focaccia in 24 Würfel schneiden, mit etwas Olivenöl beträufeln und im vorgeheizten Backofen bei 140 °C Umluft in ca. 15 Minuten knusprig rösten. Die Hähnchenbrust salzen und pfeffern. In einer Pfanne in etwas Öl anbraten, dann im Backofen bei 120 °C Umluft 20 Minuten garen. Auskühlen lassen.
Die Zuckerschoten in gut gesalzenem Wasser blanchieren und abschrecken. 24 schöne Streifen für die Garnitur abschneiden und beiseitelegen. Die restlichen Schoten fein mixen und mit dem Frischkäse cremig verrühren.
Das Fleisch in 24 Würfel schneiden und auf den Focacciawürfeln anrichten. Mit der Erbsencreme toppen, mit je 1 Zuckerschotenstreifen und Erbsenkresse garnieren.

STEINPILZ | GRÜNKOHL | BÜFFELMOZZARELLA

240 g Kürbis-Focaccia (Seite 70)
100 g Grünkohl
Olivenöl
200 g Steinpilze
2 Zweige Thymian
2 Zweige Rosmarin
100 g Büffelmozzarella

Die Focaccia in 24 längliche Scheiben schneiden, mit etwas Olivenöl beträufeln und im vorgeheizten Backofen bei 140 °C Umluft in ca. 15 Minuten knusprig rösten.
Den Grünkohl zupfen und gut trocknen. In heißem Öl kross frittieren und sofort salzen. Die Steinpilze in Scheiben schneiden. Mit den Kräutern in Olivenöl anbraten, mit Salz und Pfeffer abschmecken.
Den Mozzarella in feine Würfel schneiden. Pilze, Grünkohl und Mozzarellawürfel auf den Focacciascheiben anrichten.

GARNELE | PAPRIKAMAYO

200 g Focaccia
Olivenöl
24 Riesengarnelen 16/20
2 Zweige Thymian
2 Zweige Rosmarin
60 g Piquillo-Paprika
80 g Mayonnaise
1 TL Pimentón de la vera forte
1 Schale Basilikumkresse

Die Focaccia in 24 Chips schneiden, mit etwas Olivenöl beträufeln und im vorgeheizten Backofen bei 140 °C Umluft in ca. 15 Minuten knusprig rösten.
Die Garnelen schälen, putzen und im Butterfly-Schnitt einschneiden. Salzen, pfeffern und mit den Kräutern in Olivenöl braten. Die Piquillo-Paprika fein pürieren und mit der Mayonnaise glatt verrühren. Mit Salz und Pimentón de la vera abschmecken.
Die Garnelen auf die Focacciachips setzen. Mit Paprikamayonnaise toppen und mit Basilikumkresse garnieren.

TACOS

BASISREZEPT TORTILLAFLADEN

– Ergibt ca. 36 Stück –

750 g Mehl
250 ml lauwarmes Wasser
100 ml Sonnenblumenöl
1 TL Salz

Alle Zutaten zu einem glatten Teig verkneten. Den Teig in ca. 36 Portionen teilen.
Die Teigstücke mit dem Nudelholz zwischen zwei Bögen Backpapier zu 1–2 mm dicken Fladen (Ø ca. 8 cm) ausrollen. Die Fladen in einer heißen Pfanne ohne Öl von beiden Seiten ca. 30 Sekunden braten.

Tacos

– Ergibt je ca. 12 Stück –

AVOCADO | SALSA PICCANTE

1 kleine rote Zwiebel
Abrieb und Saft von 1 Bio-Limette
½ Knoblauchzehe, fein gewürfelt
20 ml Olivenöl
300 g Strauchtomaten
2 grüne Chilis
gemahlener Kreuzkümmel
1 reife Avocado
1 Stängel Koriandergrün, abgezupft

Die Zwiebel schälen und in feine Streifen schneiden. Mit Salz, Zucker, Limettenabrieb und der Hälfte vom Limettensaft marinieren
Den Knoblauch in 10 ml Olivenöl goldgelb rösten. Die Tomaten vierteln, Stielansatz und Kerne entfernen, das Fruchtfleisch in kleine Würfel schneiden. Die Chilis in feine Ringe schneiden. Mit geröstetem Knoblauch und Tomaten vermischen. Die Salsa mit Salz, Zucker und Kreuzkümmel abschmecken.
Die Avocado halbieren, entsteinen und schälen. Die Hälften quer in Spalten schneiden, salzen und mit übrigem Limettensaft und Olivenöl (10 ml) marinieren.
Die Avocadospalten in 12 Tortillafladen anrichten. Mit Salsa Piccante und Koriandergrün dekorieren und mit je 1 Spieß fixieren.

GARNELE | CHIPOTLE-MAYO

12 Riesengarnelen 16/20
20 ml Olivenöl
Abrieb und Saft von 1 Bio-Limette
80 g Mayonnaise
20 g Chipotle-Sauce
1 TL geräuchertes Paprikapulver
1 Schale Chilikresse

Die Garnelen schälen und putzen. Im Olivenöl von beiden Seiten anbraten und salzen. Kurz bevor sie gar sind, den Limettenabrieb in der Pfanne mitschwenken.
Mayonnaise und Chipotle-Sauce verrühren. Mit Salz und etwas Limettensaft abschmecken.
Die Garnelen in 12 Tortillafladen anrichten. Mit Chipotle-Mayonnaise toppen, mit Paprikapulver und Chilikresse garnieren. Mit je 1 Spieß fixieren.

RINDERFILET | MAISCREME

300 g Rinderfilet
40 ml Olivenöl
50 g Schalotten, in Streifen
100 g Knollensellerie, fein gewürfelt
50 g Butter
Saft von 1 Zitrone
250 g Zuckermais, gekocht und abgetropft
geriebene Muskatnuss
6 frische Mini-Maiskolben
1 TL gemahlene Kurkuma
20 ml Weißwein
1 Stängel Blattpetersilie, fein geschnitten

Das Rinderfilet in feine Streifen schneiden. Salzen und sofort in einer heißen Pfanne mit 20 ml Öl scharf anbraten. Sofort wieder herausnehmen und mit gemahlenem schwarzem Pfeffer abschmecken.
Schalottenstreifen und Selleriewürfel in der Butter farblos anschwitzen. Zitronensaft angießen, Mais zugeben und das Gemüse sehr weich kochen. Dabei evtl. etwas Wasser zufügen. Das Gemüse dann im Mixer sehr fein pürieren und bei Bedarf durch ein Sieb streichen. Die Maiscreme mit Salz, Zucker und Muskatnuss abschmecken.
Die Mini-Maiskolben längs halbieren und mit Kurkuma im übrigen Öl (20 ml) anschwitzen. Salzen, zuckern, mit dem Weißwein ablöschen und bei kleiner Hitze bissfest garen.
Die Filetstreifen in 12 Tortillafladen anrichten. Mit Maiscreme toppen, mit je ½ Maiskolben und Petersilienstreifen garnieren. Mit je 1 Spieß fixieren.

BASISREZEPT CRÊPES

– Ergibt ca. 10 Stück –

150 g Mehl
3 Eier
300 ml Milch
1 Prise Zucker
1 Prise Salz
Butter zum Braten

Alle Zutaten zu einem glatten Teig verrühren. Eine Pfanne dünn mit Butter ausstreichen, darin aus dem Teig nacheinander ca. 10 dünne Crêpes ausbacken.

Die Crêpes auf Frischhaltefolie legen und mit der Creme je nach Rezept bestreichen. Bei den Varianten Rauchlachs, Roastbeef und Rosmarinschinken die Scheiben flach auf die Creme legen und nochmals dünn damit bestreichen. Die Crêpes dann unter leichtem Druck aufrollen. Die Folie mit einem spitzen Messer mehrfach einstechen und nochmals nachrollen, sodass die Luft entweicht. Die Rollen über Nacht kühlen. Danach auswickeln, in je 6–8 Stücke portionieren und nach Belieben mit Kresse oder Kräutern garnieren.

Crêperollen

– Ergibt je 2 Rollen à 6–8 Stücke –

ZIEGENKÄSE | WALNUSS | ROTE BETE

150 g gegarte Rote Bete
50 g Walnusskerne
1 EL Olivenöl
250 g Ziegenfrischkäse-Taler
1 EL Ahornsirup

Die Rote Bete fein würfeln. Die Walnusskerne grob hacken und in einer Pfanne im Olivenöl rösten.
Rote Bete und Nüsse mit den restlichen Zutaten cremig verrühren. Die Creme mit Salz und Pfeffer abschmecken. Wie im Basisrezept links beschrieben fortfahren.

JOHANNISBEERE | CHILI | PISTAZIE

250 g Doppelrahm-Frischkäse
50 g Rote Johannisbeeren
5 g Chiliflocken
50 g Pistazienkerne, grob gehackt
2 EL Ahornsirup

Alle Zutaten zu einer cremigen Masse verrühren. Die Creme mit Salz und Pfeffer abschmecken. Wie im Basisrezept links beschrieben fortfahren.

RAUCHLACHS | WASABI

250 g Doppelrahm-Frischkäse
10 g Wasabi-Pulver
120 g geräucherter Alaska Sockeye Wildlachs in dünnen Scheiben

Frischkäse und Wasabi cremig verrühren. Die Creme mit Salz und Pfeffer abschmecken. Wie im Basisrezept links beschrieben fortfahren.

ROASTBEEF | HIMBEERE | CHILI

250 g Doppelrahm-Frischkäse
5 g Chiliflocken
1 Stängel Estragon, grob geschnitten
120 g rosa gebratenes Roastbeef in dünnen Scheiben (Seite 91)
50 g frische Himbeeren, halbiert

Frischkäse, Chiliflocken und Estragon cremig verrühren. Die Creme mit Salz und Pfeffer abschmecken. Wie im Basisrezept links beschrieben fortfahren. Die portionierten Stücke mit je ½ Himbeere garnieren.

ROSMARINSCHINKEN | SENFCREME

250 g Doppelrahm-Frischkäse
80 g grober Dijonsenf
2 Stängel Blattpetersilie, grob geschnitten
120 g Rosmarinschinken in dünnen Scheiben

Frischkäse, Dijonsenf und Petersilie cremig verrühren. Die Creme mit Salz und Pfeffer abschmecken. Wie im Basisrezept links beschrieben fortfahren.

GEMÜSEWRAPS & -ROLLEN

Gemüsewraps & -rollen

– Ergibt je ca. 24 Stück –

SPITZKOHL | SAIBLING | ZITRONENMAYO

Mind. 24 Stunden vorher
500 g Saiblingsfilet mit Haut, entgrätet
30 g Salz, 20 g Zucker

---

1 Spitzkohl
100 g Mayonnaise
Abrieb und Saft von 1 Bio-Zitrone
1 Msp. Cayennepfeffer
1 Stängel Kerbel, abgezupft

Den Saibling mit der Salz-Zucker-Mischung bestreuen und auf einem (Loch-) Blech mind. 24 Stunden beizen. Salz-Zucker-Mischung entfernen und den Fisch in Streifen schneiden.

Die äußeren Blätter des Spitzkohls vorsichtig ablösen. In gut gesalzenem Wasser blanchieren, abtropfen und schnell auskühlen lassen. Die Mayonnaise mit Zitronenabrieb und -saft verrühren. Mit Salz, Zucker und Cayennepfeffer abschmecken, eine kleine Menge zum Garnieren abnehmen.

Die Kohlblätter in 24 Stücke zuschneiden und mit der Mayonnaise bestreichen. Die Saiblingsstreifen darauflegen und aufrollen. Mit je 1 Tupfen Mayonnaise und 1 Kerbelblatt garnieren.

KOPFSALAT | CASHEWKERNE | APRIKOSEN | ZIEGENFRISCHKÄSE

100 g getrocknete Aprikosen
100 ml Orangensaft
50 g Aprikosenkonfitüre
200 g Ziegenfrischkäse
100 g Cashewkerne, geröstet und gesalzen
24 Kopfsalatblätter
2 Stängel Blattpetersilie, fein geschnitten

Die Aprikosen im Orangensaft aufkochen und ca. 30 Minuten ziehen lassen. Dann grob hacken und mit Konfitüre und Ziegenfrischkäse cremig verrühren. Die Cashewkerne grob hacken.

Die Salatblätter zuschneiden und mit der Creme füllen. Mit je 1 Spieß fixieren und mit Cashewkernen und Blattpetersilie garnieren.

KOHLRABI | LINSE | KOKOS

1 großer Kohlrabi
50 g Schalotten, in Streifen
20 ml Sonnenblumenöl
300 g rote Linsen
Saft von 1 Orange
100 g Kokosmilch
24 Halme Schnittlauch

Den Kohlrabi schälen und mit Aufschnittmaschine oder Gemüsehobel in 24 sehr dünne Scheiben schneiden. Diese rund ausstechen. Die Scheiben mit Salz und Zucker marinieren und vorsichtig kneten, sodass sie intakt bleiben.

Die Schalottenstreifen im Öl anschwitzen. Die Linsen zugeben, mit dem Orangensaft ablöschen und leicht reduzieren. Die Kokosmilch zufügen und die Linsen bei kleiner Hitze bissfest garen. 2 EL gegarte Linsen für die Garnitur abnehmen. Die übrigen Linsen im Mixer sehr fein pürieren und mit Zucker, Salz und Pfeffer abschmecken. 2 EL Linsencreme für die Garnitur abnehmen.

Die Linsencreme auf die Kohlrabischeiben streichen und aufrollen. Mit je 1 Schnittlauchhalm fixieren, mit 1 Tupfen Linsencreme toppen und mit einigen gegarten Linsen garnieren.

RADICCHIO | GORGONZOLA DOLCE | FEIGE

1 Kopf Radicchio
500 g Gorgonzola dolce
4 frische Feigen
100 ml Cassislikör
20 ml Johannisbeer-Balsamico
12 Walnusskerne, halbiert

Den Radicchio in Blätter teilen. Die Blätter waschen, trocken tupfen und zuschneiden. Auf jedes Blatt ½ EL Gorgonzola setzen und aufrollen.
Die Feigen jeweils in 6 Spalten schneiden. Cassislikör und Balsamico um die Hälfte reduzieren, die Feigenspalten damit marinieren. Die Rollen mit je 1 Spieß fixieren, mit je 1 Feigenspalte und 1 Walnussstück garnieren.

SOMMERROLLE | KING PRAWN | MANGO | MINZE

6 Blätter Reispapier
24 Black Tiger Garnelen 16/20
20 g Kokosöl
½ TL Chiliflocken
1 Mango
24 Minzeblätter

Das Reispapier ca. 5 Minuten in kaltem Wasser einweichen. Dann auf ein Schneidebrett legen und vierteln.
Die Garnelen schälen, putzen, im Kokosöl anbraten und salzen. Kurz bevor sie gar sind, die Chiliflocken mitschwenken. Die Garnelen dann in grobe Würfel schneiden. Die Mango schälen und das Fruchtfleisch in Streifen schneiden.
Garnelen, Mango und je 1 Minzeblatt in die Reispapierviertel einrollen. Mit Hoisin- oder Sojasauce zum Dippen servieren.

SOMMERROLLE | KAROTTEN | ZUCKERSCHOTEN | ERBSENKRESSE

6 Blätter Reispapier
200 g Karotten
200 g Zuckerschoten
1 TL geröstetes Sesamöl
10 g gerösteter weißer Sesam
10 g gerösteter schwarzer Sesam
1 Schale Erbsenkresse

Das Reispapier ca. 5 Minuten in kaltem Wasser einweichen. Dann auf ein Schneidebrett legen und halbieren.
Karotten und Zuckerschoten in feine Streifen schneiden. Mit Salz und Zucker verkneten und ca. 20 Minuten ziehen lassen. Danach abtropfen lassen, mit Sesamöl und Sesam marinieren und nochmals abschmecken.
Gemüsestreifen und Erbsenkresse in die Reispapierhälften einrollen und schräg halbieren. Mit Erdnuss- oder süßer Chilisauce zum Dippen servieren.

BASISREZEPT TARTELETTE-SCHALEN
– Ergibt ca. 40 Stück –

250 g Mehl
125 g kalte Butter, gewürfelt
1 Eigelb
1 Prise Salz
20 ml kaltes Wasser

Das Mehl in eine Schüssel geben. Butter, Eigelb, Salz und Wasser zugeben und alles rasch zu einem festen Teig verkneten. Den Teig stramm in Frischhaltefolie wickeln und mind. 30 Minuten im Kühlschrank ruhen lassen. Danach den Teig nochmals kurz durchkneten und ausrollen. Mit Butter gefettete Förmchen (ca. Ø 7 cm) damit auslegen. Den Rand gerade schneiden, den Boden mit einer Gabel mehrmals einstechen und nochmals kühlen. Die Schalen im vorgeheizten Backofen bei 180 °C Umluft ca. 10 Minuten vorbacken. Dann je nach Rezept füllen und fertig backen.

Mini-Quiches

– Ergibt je ca. 12 Stück –

KAROTTE | VANILLE | KERBEL

200 g Karotten
20 g Butter
Mark von ½ Vanilleschote
20 ml Ahornsirup
2 Eier
125 g Sahne
3 Stängel Kerbel
50 g Frischkäse

Die Karotten in ca. 5 mm große Würfel schneiden. Die Butter in einer Pfanne erhitzen, die Karottenwürfel zugeben, salzen und anschwitzen. Vanillemark und Ahornsirup zufügen und die Karotten bissfest garen, auskühlen lassen. Eier und Sahne verquirlen, die Karottenwürfel einrühren und abschmecken. Die Kerbelblätter abzupfen, zwei Drittel davon grob hacken und in die Masse rühren.

Die Masse in 12 vorgebackene Tartelette-Schalen füllen und im vorgeheizten Backofen bei 160 °C Umluft ca. 12 Minuten backen. Danach auskühlen lassen. Die Mini-Quiches mit Frischkäse und restlichen Kerbel garnieren.

RINDFLEISCH | APRIKOSE | GURKE

200 g Rinderhackfleisch
20 ml Rapsöl
60 g Schalottenwürfel
100 g getrocknete Aprikosen
Currypulver
40 ml Orangensaft
100 g passierte Tomaten (Dose)
60 g Salatgurke
60 g griechischer Joghurt
Abrieb von ½ Bio-Zitrone

Das Hackfleisch in einem Topf im Öl scharf anbraten. Sobald es bräunt, die Schalottenwürfel zugeben und salzen. Die Aprikosen würfeln und 12 Würfel für die Garnitur abnehmen. Übrige Würfel und Currypulver zum Hackfleisch geben und leicht mitrösten. Mit Orangensaft und passierten Tomaten ablöschen und ca. 1 Stunde zugedeckt köcheln lassen. Dabei evtl. etwas Wasser angießen. Die Masse etwas abkühlen lassen. Dann in 12 vorgebackene Tartelette-Schalen füllen und im vorgeheizten Backofen bei 160 °C Umluft ca. 12 Minuten backen. Danach auskühlen lassen.

Die Gurke von den Kernen befreien und grob raspeln. Salzen und ca. 30 Minuten ziehen lassen. Dann gut ausdrücken, mit Joghurt und Zitronenabrieb cremig verrühren und abschmecken. Die Mini-Quiches mit der Creme und je 1 Aprikosenwürfel garnieren.

DICKE BOHNEN | ROTE ZWIEBEL | HIMBEERE

200 g rote Zwiebeln
20 ml Olivenöl
20 ml Himbeeressig
200 g Dicke Bohnenkerne
2 Stängel Estragon
2 Eier
150 g Sauerrahm
geriebene Muskatnuss
50 g Frischkäse
12 Himbeeren

Die Zwiebeln schälen und in feine Spalten schneiden. Im Öl anschwitzen, salzen, zuckern und bei kleiner Hitze garen. Mit dem Essig ablöschen und reduzieren, dann auskühlen lassen. Die Bohnenkerne blanchieren, abschrecken und die weiße Haut abziehen. 12 Kerne für die Garnitur beiseitelegen. Den Estragon grob schneiden, dabei 12 Spitzen für die Garnitur beiseitelegen. Eier und Sauerrahm verquirlen. Zwiebeln, Bohnen und gehackten Estragon einrühren, mit Salz und Muskatnuss abschmecken.

Die Masse in 12 vorgebackene Tartelette-Schalen füllen und im vorgeheizten Backofen bei 160 °C Umluft ca. 12 Minuten backen. Danach auskühlen lassen. Die Mini-Quiches mit Frischkäse, je 1 Bohnenkern, 1 Himbeere und 1 Estragonspitze garnieren.

HOKKAIDO | HARISSA | KÜRBISKERN

400 g Hokkaido-Kürbis
20 ml Rapsöl
10 g Harissapaste
5 g Ras el Hanout
20 ml Ahornsirup
50 g Frischkäse
10 ml Kürbiskernöl
20 g geröstete Kürbiskerne

Den Kürbis in ca. 5 mm große Würfel schneiden. In einer Pfanne im Öl anschwitzen und salzen. Harissapaste und Ras el Hanout kurz mitrösten. Mit dem Ahornsirup ablöschen und den Kürbis bissfest garen, dann abkühlen lassen. Die Masse abschmecken, in 12 vorgebackene Tartelette-Schalen füllen und im vorgeheizten Backofen bei 160 °C Umluft ca. 12 Minuten backen. Danach auskühlen lassen.
Den Frischkäse mit Kürbiskernöl glatt verrühren. Die Mini-Quiches mit der Creme und gerösteten Kürbiskernen garnieren.

TOMATE | BASILIKUM | PINIENKERNE

60 g Schalottenwürfel
20 ml Olivenöl
200 g passierte Tomaten (Dose)
4 Strauchtomaten
60 g Parmesan, gerieben
20 g Pinienkerne
1 Stängel Basilikum, abgezupft
60 g Ricotta

Die Schalottenwürfel in einem kleinen Topf im Öl glasig anschwitzen. Salzen, pfeffern und mit den passierten Tomaten ablöschen. Alles auf ca. ein Drittel reduzieren, dann auskühlen lassen. Die Strauchtomaten vierteln, Stielansatz und Kerne entfernen, das Fruchtfleisch in grobe Würfel schneiden. Unter die Tomatensauce mischen. Parmesan und zwei Drittel der Pinienkerne zugeben, mit Salz und Pfeffer abschmecken. Die Masse in 12 vorgebackene Tartelette-Schalen füllen und im vorgeheizten Backofen bei 160 °C Umluft ca. 12 Minuten backen. Danach auskühlen lassen.
Das Basilikum in feine Streifen schneiden. Die Mini-Quiches mit Ricotta, übrigen Pinienkernen und Basilikumstreifen garnieren.

SPARGEL | PETERSILIENPESTO | TOMATE

20 g Blattpetersilie
10 g Pinienkerne
20 g Parmesan, gerieben
40 ml Olivenöl
500 g weißer Spargel
20 g Butter
2 Strauchtomaten
2 Eier
125 g Sauerrahm
geriebene Muskatnuss

Die Petersilie mit Pinienkernen und Parmesan pürieren oder mörsern. Das Öl langsam zugeben, bis ein homogenes Pesto entsteht.
Den Spargel schälen und in ca. 5 mm große Würfel schneiden. In einer Pfanne mit der Butter anschwitzen, salzen und bissfest garen. Die Tomaten vierteln, Stielansatz und Kerne entfernen. Das Fruchtfleisch in kleine Würfel schneiden, dabei 12 schöne Ecken für die Garnitur beiseitelegen. Eier und Sauerrahm verquirlen, die abgetropften Spargel- und Tomatenwürfel zugeben. Mit Salz, Pfeffer und Muskatnuss abschmecken.
Die Masse in 12 vorgebackene Tartelette-Schalen füllen und im vorgeheizten Backofen bei 160 °C Umluft ca. 12 Minuten backen. Danach auskühlen lassen. Die Mini-Quiches mit dem Pesto und je 1 Tomatenecke garnieren.

KICHERERBSE | AUBERGINE | TOMATE

6 Kirschtomaten
10 g Nigella (Schwarzkümmelsamen)
1 Aubergine
60 ml Olivenöl
60 g Schalottenwürfel
200 g gekochte Kichererbsen
40 ml Orangensaft
Kreuzkümmel
Abrieb von ½ Bio-Zitrone
1 Stängel Blattpetersilie, abgezupft

Die Tomaten quer halbieren. Salzen, zuckern und mit etwas Olivenöl und Nigella marinieren. Mit der Schnittfläche nach oben auf ein mit Backpapier belegten Blech legen und im Dörrautomat oder Backofen bei 60 °C Umluft 4–6 Stunden trocknen.

Die Aubergine längs halbieren und das Fruchtfleisch kreuzförmig einschneiden. Mit 30 ml Olivenöl beträufeln, salzen und im vorgeheizten Backofen bei 160 °C Umluft in ca. 30 Minuten weich garen. Kurz abkühlen lassen, dann das Fruchtfleisch mit einem Löffel von der Schale schaben und grob hacken.

Die Schalottenwürfel im übrigen Öl (30 ml) glasig anschwitzen. Salzen und zwei Drittel der Kichererbsen zugeben. Mit dem Orangensaft ablöschen und ca. 5 Minuten kochen lassen. Dann sehr fein pürieren und 2 EL Püree für die Garnitur abnehmen. 12 Kichererbsen für die Garnitur beiseitelegen, die übrigen grob hacken.

Gehackte Aubergine, Kichererbsenpüree und gehackte Kichererbsen verrühren. Mit Kreuzkümmel und Zitronenabrieb abschmecken.

Die Masse in 12 vorgebackene Tartelette-Schalen füllen und im vorgeheizten Backofen bei 160 °C Umluft ca. 12 Minuten backen. Danach auskühlen lassen. Die Mini-Quiches mit Kichererbsenpüree, je 1 Kichererbse, ½ getrockneten Tomate und 1 Petersilienblatt garnieren.

Am Spieß – Fleisch & Fisch

– Ergibt je ca. 20 Stück –

ROASTBEEF | WILDER BROKKOLI | NUSSBUTTER

400 g Roastbeef
20 ml Rapsöl
1 Zweig Rosmarin
1 Zweig Thymian
200 g wilder Brokkoli
150 g Butter
5 g fermentierter roter Pfeffer (Kampot-Pfeffer), grob gemörsert

Das Roastbeef salzen, pfeffern und in einer Pfanne im Rapsöl rundum anbraten. Rosmarin und Thymian zugeben und das Fleisch im vorgeheizten Backofen bei 65 °C Umluft auf 56 °C Kerntemperatur garen. Herausnehmen, mit den Kräutern in Backpapier wickeln und im Kühlschrank auskühlen lassen.

Den Brokkoli in gut gesalzenem Wasser blanchieren, abschrecken und in 20 Röschen portionieren. Die Butter in einem kleinen Topf bei kleiner Hitze unter ständigem Rühren köcheln lassen, bis sie bräunt und nussig duftet. Durch ein Haarsieb abgießen und im Kühlschrank auskühlen lassen. Danach wieder auf Raumtemperatur bringen und mit dem Schneebesen oder Handrührgerät schaumig rühren.

Das Roastbeef in 20 gleichmäßige Würfel schneiden und die Brokkoliröschen daraufspießen. Mit 1 Tupfen Nussbutter garnieren und mit rotem Pfeffer bestreuen.

RINDERFILET | SPARGEL | ESTRAGON

400 g Rinderfilet
20 ml Rapsöl
1 Zweig Rosmarin
1 Zweig Thymian
5 Stangen weißer Spargel
4 Stängel Estragon
200 g Mayonnaise
20 g grober Senf

Das Rinderfilet salzen, pfeffern und in einer Pfanne im Rapsöl rundum anbraten. Rosmarin und Thymian zugeben und das Fleisch im vorgeheizten Backofen bei 65 °C Umluft auf 56°C Kerntemperatur garen. Herausnehmen, mit den Kräutern in Backpapier wickeln und im Kühlschrank auskühlen lassen.

Den Spargel schälen, in gut gesalzenem und gezuckertem Wasser bissfest garen und auskühlen lassen. Die Stangen danach längs vierteln und jedes Viertel in drei gleichmäßige Stücke schneiden. Den Estragon grob schneiden, dabei 20 Spitzen für die Garnitur beiseitelegen. Den übrigen Estragon mit Mayonnaise und Senf verrühren.

Das Rinderfilet mit der Aufschnittmaschine in 20 dünne Scheiben schneiden. Diese mit der Estragonmayonnaise bestreichen, dabei 2 EL Mayonnaise für die Garnitur zurückbehalten. Auf jede Filetscheibe 3 Spargelstücke legen und diese darin einwickeln. Spießen und jeweils mit Estragonmayonnaise und 1 Estragonspitze garnieren.

KALBSSCHNITZEL | BROTKNUSPER | PREISELBEEREN

- 400 g Kalbsfleisch (Oberschale oder Rücken)
- 4 Eier
- 40 g Mehl
- 100 g Panko-Mehl
- 200 g Butterschmalz
- 1 EL Sardellen
- 1 EL Kapern
- 4 Stängel krause Petersilie
- 200 ml Pflanzenöl zum Frittieren
- 1 Zitrone
- 5 EL kalt gerührte Preiselbeeren (Seite 56)

Das Kalbfleisch in 20 gleich große Scheiben schneiden und diese zwischen zwei Bögen Frischhaltefolie plattieren. Die Eier in einer Schale mit Salz und Pfeffer verquirlen. Die Schnitzel bemehlen, durch die Eiermasse ziehen und im Panko panieren. In einer Pfanne im Butterschmalz schwimmend ausbacken.
Sardellen und Kapern zusammen zu einer feinen Paste hacken. Die Petersilie abzupfen, die Blätter im Öl frittieren, auf Küchenpapier abtropfen lassen und sofort salzen. Die Zitrone dick schälen und die Filets mit einem Messer herauslösen. Die Zitronenfilets in 20 kleine Stücke schneiden.
Die Schnitzel spießen und jeweils mit Preiselbeeren, etwas Sardellen-Kapern-Paste, 1 Zitronenfiletstück und frittierter Petersilie garnieren.

SCHWEINEBAUCH | AHORNSIRUP | CHILI

- 400 g gepökelter Schweinebauch, ohne Schwarte
- 110 ml Ahornsirup
- 10 g Chiliflocken
- 1 Gelbe Bete
- Olivenöl zum Braten

Den Schweinebauch mit 100 ml Ahornsirup und Chiliflocken marinieren und vakuumieren. Im Wasserbad bei 65 °C ca. 8 Stunden garen.
Die Gelbe Bete in 1 cm dicke Scheiben schneiden und diese rund ausstechen. Dann mit Salz, übrigem Ahornsirup (10 ml) und Olivenöl in einer Pfanne bissfest garen.
Den Sud aus dem Beutel abgießen und in einer Pfanne reduzieren. Den Schweinebauch in 20 gleichmäßige Quader schneiden und im reduzierten Sud glasieren. Dann mit der Bete spießen und warm servieren.

HÄHNCHEN | SATÉSAUCE | PFLAUME

- 400 g Hähnchenkeulen, ohne Haut und Knochen
- 20 ml Erdnussöl
- 1 Pflaume
- 100 g Satésauce (von Kirberg)
- 20 Erdnusskerne, geröstet und gesalzen
- 1 Schale Basilikumkresse

Das Fleisch in 20 Würfel schneiden. Salzen und im Erdnussöl rundum goldgelb anbraten und fertig garen. Die Pflaume halbieren, entsteinen und in 20 Spalten schneiden.
Die Hähnchenwürfel spießen. Mit der Satésauce toppen, mit je 1 Pflaumenspalte, 1 Erdnuss und Basilikumkresse garnieren.

TORTILLA ESPAÑOLA | CHISTORRA

10 Eier
25 ml Olivenöl
75 g Schalottenwürfel
250 g Kartoffeln, gekocht und grob gewürfelt
375 g Chistorra (span. Bratwurst)
10 Kirschtomaten, halbiert
10 Halme Schnittlauch, in Stücken

Die Eier mit Salz und Pfeffer verquirlen und ca. 10 Minuten ruhen lassen. Das Olivenöl in zwei kleinen Pfannen erhitzen und die Schalottenwürfel darin anschwitzen. Die Kartoffelwürfel zugeben und mit den verquirlten Eiern übergießen. Die Pfannen in den vorgeheizten Backofen bei 160 °C Umluft stellen und die Eier in ca. 15 Minuten stocken lassen.
Die Chistorra in 20 Stücke schneiden und in einer weiteren Pfanne bei mittlerer Hitze anbraten. Jede Tortilla in 10 Stücke schneiden. Die Stücke mit je ½ Tomate und 1 Chistorra-Stück spießen und mit Schnittlauch garnieren.

GARNELE | KOKOS | MANGO

20 Riesengarnelen 16/20
20 ml Kokosöl
5 g Kokosraspel
1 Mango
1 TL Chiliflocken
5 g Kokoschips

Die Garnelen schälen, putzen und im ersten Drittel im Butterfly-Schnitt einschneiden. Im Kokosöl von beiden Seiten scharf anbraten. Kurz bevor die Garnelen gar sind, die Kokosraspel mitbraten. Die Mango schälen und das Fruchtfleisch in 20 Würfel schneiden.
Die Garnelen mit je 1 Mangowürfel spießen. Mit Chiliflocken und Kokoschips garnieren.

»GILDA«-PIPARRA | GRÜNE OLIVEN | ANCHOVIS

20 eingelegte grüne Piparra-Chilischoten
20 grüne Oliven, entsteint
20 Anchovis

Alle drei Zutaten zusammen aufspießen. Der Pintxo-Klassiker aus dem Baskenland!

AM SPIESS – GEMÜSE & CO.

Am Spieß – Gemüse & Co.

– Ergibt je ca. 20 Stück –

TALEGGIO | SALZPFLAUME | BASILIKUM

400 g Taleggio
1 Salzpflaume (Umeboshi)
5 Radicchioblätter
1 Schale Basilikumkresse

Den Taleggio in 20 gleichmäßige Würfel schneiden. Die Salzpflaume in 20 Stücke schneiden. Die Radiccioblätter in 20 Stücke schneiden und die Taleggiowürfel daraufspießen. Mit je 1 Salzpflaumenstück toppen und mit Basilikumkresse garnieren.

KARTOFFEL | APFEL | ZWIEBEL

10 kleine Kartoffeln (Drillinge)
4 Schalotten
20 ml Rapsöl, plus 300 ml zum Frittieren
1 säuerlicher Apfel
20 ml Ahornsirup
10 ml Apfelessig
20 g Mehl
5 Halme Schnittlauch, in Stücken

Aus jeder Kartoffel zwei schöne Scheiben schneiden. Diese in gut gesalzenem Wasser bissfest garen, herausnehmen und auskühlen lassen. Die Schalotten schälen und in feine Ringe schneiden. Die Hälfte davon in 20 ml Öl glasig ansschwitzen. Den Apfel schälen, entkernen und in feine Würfel schneiden. Zu den Schalotten geben und kurz mitschwitzen. Salzen, mit Essig ablöschen, Ahornsirup zugeben und alles zu einer chutneyartigen Konsistenz köcheln lassen.
Die übrigen Schalotten im Mehl wenden und im heißen Öl goldgelb frittieren. Herausnehmen, auf Küchenpapier abtropfen lassen und salzen.
Die Kartoffelscheiben in etwas Öl von beiden Seiten goldgelb braten. Jeweils etwas Apfel-Zwiebel-Chutney daraufgeben und spießen. Mit den frittierten Zwiebeln und Schnittlauch garnieren.

GEFÜLLTE KARTOFFELN HEISS-KALT

10 kleine Kartoffeln (Drillinge)
1 EL Kümmelsamen
20 g frische Kräuter (Petersilie, Schnittlauch, Estragon, Kerbel, Minze, Brunnenkresse)
400 g Magerquark
40 ml Olivenöl
Abrieb und Saft von 1 Bio-Zitrone
1 Msp. Cayennepfeffer

Die Kartoffeln in gut gesalzenem Wasser mit Kümmel garen. Abgießen und auskühlen lassen. Die Kräuter fein schneiden, dabei 60 Kräuterspitzen für die Garnitur beiseitelegen. Quark und Olivenöl verrühren, Zitronenabrieb und -saft zugeben, Die geschnittenen Kräuter unterheben und den Quark mit Salz, Pfeffer und Cayennepfeffer abschmecken.
Die Kartoffeln längs halbieren und aushöhlen Auf einem mit Backpapier belegten Backblech im vorgeheizten Backofen bei 140 °C Umluft heiß schieben. Den Kräuterquark in die noch heißen Kartoffelhälften füllen. Mit den Kräuterspitzen garnieren, spießen und zügig servieren.

OFENKÜRBIS | SHIITAKE | WILDER BROKKOLI

– Ergibt ca. 24 Stück –

1 kleiner Hokkaido-Kürbis
Salz
20 ml Olivenöl
40 ml Ahornsirup
1 TL Chiliflocken
2 Stangen Zimt
3 Sternanise
300 g wilder Brokkoli
12 Shiitakepilze
10 ml geröstetes Sesamöl
20 ml salzarme Sojasauce
120 g Butter
10 g gerösteter Sesam

Den Kürbis halbieren, entkernen und die Hälften in 24 gleichmäßige Ecken schneiden. Salzen und mit Olivenöl, Ahornsirup, Chiliflocken, Zimt und Sternanis marinieren. Auf ein mit Backpapier belegtes Backblech geben und im vorgeheizten Backofen bei 160 °C Umluft ca. 20 Minuten garen.

Den Brokkoli in gut gesalzenem Wasser blanchieren, abschrecken und in 24 Röschen portionieren. Die Shiitake im Sesamöl anbraten, mit der Sojasauce ablöschen und garen. Dann auskühlen lassen und halbieren. Die Sojasauce passieren und kühlen.

Die Butter in einem kleinen Topf bei kleiner Hitze unter ständigem Rühren köcheln lassen, bis sie bräunt und nussig duftet. Durch ein Haarsieb abgießen und im Kühlschrank auskühlen lassen. Danach wieder auf Raumtemperatur bringen und mit der passierten Sojasauce mit dem Schneebesen oder Handrührgerät schaumig rühren.

Je 1 Brokkoliröschen und 1 halbierten Pilz auf die Kürbisecken spießen. Mit Soja-Nussbutter und Sesam garnieren.

TOMATE | BURRATA | BASILIKUM

– Ergibt ca. 24 Stück –

8 Cherry-Strauchtomaten
12 Burratine (à 50 g)
20 g Basilikum
20 g Pinienkerne, geröstet
20 g Parmesan, gerieben
40 ml Olivenöl
1 Schale Basilikumkresse

Aus jeder Tomate 3 schöne Scheiben schneiden und salzen. Die Burratine halbieren und mit der Schnittfläche nach oben auf die Tomatenscheiben spießen.

Das Basilikum mit 10 g Pinienkernen und Parmesan pürieren oder mörsern. Das Öl langsam zugeben, bis ein homogenes Pesto entsteht. Mit Salz und Pfeffer abschmecken. Das Pesto auf die Burratine träufeln. Mit übrigen Pinienkernen (10 g) und Basilikumkresse garnieren.

SCHAFSKÄSE | ZUCCHINI | GETROCKNETE TOMATE

400 g Schafskäse (Feta)
5 getrocknete Tomatenviertel in Öl
1 Msp. scharfes Paprikapulver
2 Zweige Thymian, abgezupft
2 Zucchini
Olivenöl zum Braten
10 g geröstete Pinienkerne

Den Schafskäse in 20 gleichmäßige Scheiben schneiden. Diese mit dem Öl der getrockneten Tomaten, Paprikapulver und Thymianblättern marinieren. Die Tomatenviertel in 40 Streifen schneiden.

Die Zucchini mit der Aufschnittmaschine längs in ca. 4 mm dicke Scheiben schneiden und salzen. Eine Grillpfanne mit Olivenöl ausstreichen. Die Zucchini trocken tupfen und darin von einer Seite angrillen.

Die Zucchini mit den Grillstreifen nach unten auf die Arbeitsfläche legen und den marinierten Schafskäse darin einwickeln. Spießen, mit je 2 Tomatenstreifen und Pinienkernen garnieren.

CHAMPIGNON | GORGONZOLA | ROSA PFEFFER

20 mittlere Champignons
40 ml Olivenöl
2 Zweige Thymian
300 g Gorgonzola dolce
1 TL Rosa Pfefferbeeren
Abrieb von ½ Bio-Zitrone
1 Stängel Blattpetersilie, fein geschnitten

Die Champignons von den Stielen befreien. Die Kappen salzen und mit Olivenöl und Thymian marinieren. Mit der Öffnung nach unten auf ein mit Backpapier belegtes Backblech setzen und im vorgeheizten Backofen bei 180 °C Umluft 12–15 Minuten garen.
Die Kappen danach mit dem Gorgonzola füllen und spießen. Mit Rosa Pfeffer, Zitronenabrieb und Petersilie garnieren.

SÜSSKARTOFFEL | GEFLÄMMTER MAIS | ERDNUSS

– Ergibt ca. 24 Stück –

400 g Süßkartoffeln
20 ml Erdnussöl
40 ml Ahornsirup
1 TL Chiliflocken
2 Lorbeerblätter
2 Maiskolben, gekocht
40 g Butter, geschmolzen
100 g Satésauce (von Kirberg)
1 Schale Petersilienkresse
24 Stücke Popcorn

Die Süßkartoffeln schälen und in 24 gleichmäßige Ecken schneiden. Salzen und mit Erdnussöl, Ahornsirup, Chiliflocken und Lorbeerblättern marinieren. Auf ein mit Backpapier belegtes Backblech geben und im vorgeheizten Backofen bei 160 °C Umluft ca. 20 Minuten garen.
Von jedem Maiskolben längs vier Streifen abschneiden und diese jeweils schräg dritteln. Die Maisstücke mit Butter bestreichen, salzen und mit einem Flambierbrenner abflämmen. Auf die Süßkartoffelecken spießen, mit Satésauce toppen und mit Petersilienkresse und Popcorn garnieren.

WURZELGEMÜSE | GEWÜRZJOGHURT | KRÄUTER-GRANOLA

- 300 g Karotten
- 300 g Pastinaken oder Petersilienwurzeln
- 300 g Ringelbete
- 60 ml Olivenöl
- 200 g griechischer Joghurt
- je 1 Msp. gemahlener Piment, Zimt und Szechuan-Pfeffer
- 30 g kernige Haferflocken
- 40 g Kürbiskerne
- 30 g Sonnenblumenkerne
- 20 ml Apfelsaft
- 40 ml Ahornsirup
- 5 g Leinsamen
- je 5 g Nigella (Schwarzkümmelsamen), Senfsamen und Fenchelsamen
- 5 g Currypulver
- 3 Zweige Rosmarin
- 3 Zweige Thymian
- 3 Lorbeerblätter
- 1 Schale Mini-Blutampfer

Die Wurzelgemüse schälen und in jeweils 20 Stücke schneiden. Mit Olivenöl, Salz und Zucker marinieren und im vorgeheizten Backofen bei 160 °C Umluft ca. 20 Minuten garen.
Den Joghurt mit Piment, Zimt und Szechuan-Pfeffer verrühren, mit Salz abschmecken. Haferflocken, Kürbis- und Sonnenblumenkerne in einer Pfanne ohne Fett bei mittlerer Hitze anrösten. Mit Apfelsaft und Ahornsirup ablöschen. Auf ein mit Backpapier belegtes Backblech geben und mit Leinsamen, Gewürzen, Kräutern und Salz vermischen. Das Granola im vorgeheizten Backofen bei 160 °C Umluft ca. 30 Minuten backen, zwischendurch wenden.
Je 3 Stücke Wurzelgemüse zusammen spießen. Mit Joghurt toppen und großzügig mit Kräuter-Granola bestreuen. Mit Blutampfer garnieren.

Buletten

– Ergibt je ca. 20 Stück –

KALBFLEISCH | KAPERNCREME

40 g geschälte Mandeln
80 g helles Brot
40 ml Milch
40 g Zwiebelwürfel
20 g Butter
2 Stängel Blattpetersilie
400 g Hackfleisch vom Kalb
2 Eier
20 g grober Senf
Abrieb von ½ Bio-Zitrone
Pflanzenöl zum Braten
40 g Kapern
1 Schale Blutampfer

Die Mandeln in Wasser einweichen (am besten über Nacht). Das Brot ca. 10 Minuten in der Milch einweichen, dann gut ausdrücken. Die Zwiebelwürfel in der Butter andünsten. Die Petersilie fein hacken.
Das Hackfleisch mit Brot, Zwiebeln, Petersilie, Eiern, Senf, Zitronenabrieb, Salz und Pfeffer gut verkneten. Aus der Hackmasse 20 kleine Buletten formen und in einer Pfanne in Öl bei mittlerer Hitze braten. Die Mandeln mit den Kapern pürieren.
Die Buletten aus der Pfanne nehmen und auf Küchenpapier abtropfen lassen. Mit der Kapernsauce toppen und mit Blutampfer garnieren.

AKTIVSTALLSCHWEIN | APFELSENF

80 g helles Brot
40 ml Milch
40 g Zwiebelwürfel
20 g Butter
2 Stängel Blattpetersilie
400 g Hackfleisch vom Aktivstallschwein
2 Eier
20 g grober Senf
Abrieb von ½ Bio-Zitrone
Pflanzenöl zum Braten
100 g Senfkörner
250 g Apfelessig
100 ml Apfelsaft
100 g Ahornsirup
5 Salz
3 g gemahlene Kurkuma
50 g feine Apfelwürfel
1 Schale Senfkresse

Das Brot ca. 10 Minuten in der Milch einweichen, dann gut ausdrücken. Die Zwiebelwürfel in der Butter andünsten, salzen und pfeffern. Die Petersilie fein hacken.
Das Hackfleisch mit Brot, Zwiebeln, Petersilie, Eiern, Senf, Zitronenabrieb, Salz und Pfeffer gut verkneten. Aus der Hackmasse 20 kleine Buletten formen und in einer Pfanne in Öl bei mittlerer Hitze braten.
Die Senfkörner dreimal blanchieren und abtropfen lassen. Dann mit Apfelessig, Apfelsaft, Ahornsirup, Salz und Kurkuma zu einer sämigen Konsistenz köcheln lassen. Die Apfelwürfel zugeben und alles noch ca. 5 Minuten weiterköcheln lassen.
Die Buletten aus der Pfanne nehmen und auf Küchenpapier abtropfen lassen. Mit dem Apfelsenf toppen und mit Senfkresse garnieren.

Tipp: Beim Formen der Buletten die Hände stets mit lauwarmem Wasser befeuchten. So bleibt die Hackmasse nicht daran kleben.

GARNELE | MANGO | CHILI

125 g Eiweiß
350 g rohe Garnelen, geschält und geputzt
125 g Sahne
Abrieb von 1 Bio-Zitrone
20 g gepickelter Ingwer, fein gehackt
100 g Panko-Mehl
2 Stängel Koriandergrün, fein gehackt
Pflanzenöl zum Braten
1 reife Mango
1 TL Chiliflocken
1 Schale Korianderkresse

Eiweiß und 200 g Garnelen in einem kleinen Mixer pürieren. Nach und nach die Sahne untermixen, bis eine homogene Masse entsteht. Zitronenabrieb, Ingwer, Panko und Koriandergrün untermischen.
Die restlichen Garnelen (150 g) fein würfeln. In Öl scharf anbraten, salzen und abkühlen lassen. Unter die Garnelenmasse mischen. Aus der Masse 20 kleine Buletten formen und in einer Pfanne in Öl bei mittlerer Hitze braten.
Die Mango schälen und das Fruchtfleisch in 20 Würfel schneiden. Die Buletten aus der Pfanne nehmen und auf Küchenpapier abtropfen lassen. Je 1 Mangowürfel auf die Buletten spießen, mit Chiliflocken und Korianderkresse garnieren.

LAMM | SCHAFSKÄSE | WALNUSSPESTO

80 g helles Brot
40 ml Milch
40 g Zwiebelwürfel
20 g Butter
1 TL Ras el Hanout
100 g Schafskäse (Feta)
2 Stängel Minze
400 g Lammhackfleisch
2 Eier
1 EL Senf
Abrieb von 1 Bio-Zitrone
Pflanzenöl zum Braten
100 g Walnusskerne
50 g getrocknete Tomaten in Öl
50 g Pecorino, gerieben
20 g Blattpetersilie
50 ml Walnussöl
1 Schale Petersilienkresse

Das Brot ca. 10 Minuten in der Milch einweichen, dann gut ausdrücken. Die Zwiebelwürfel in der Butter andünsten, mit Ras el Hanout, Salz und Pfeffer würzen. Schafskäse in 20 Würfel schneiden, Minze hacken.
Das Hackfleisch mit Brot, Zwiebeln, Minze, Eiern, Senf, Zitronenabrieb, Salz und Pfeffer gut verkneten. Aus der Hackmasse 20 kleine Buletten formen und jeweils mit 1 Käsewürfel füllen. Die Buletten in einer Pfanne in Öl bei mittlerer Hitze braten.
Walnüsse, getrocknete Tomaten, Pecorino, Petersilie und Walnussöl grob pürieren. Das Pesto mit Salz abschmecken.
Die Buletten aus der Pfanne nehmen und auf Küchenpapier abtropfen lassen. Mit dem Pesto toppen und mit Petersilienkresse garnieren.

MAISPOULARDE | ANANAS | SAUERKRAUTSENF

80 g helles Brot
40 ml Milch
40 g Zwiebelwürfel
20 g Butter
400 g Hackfleisch von der Maispoulardenkeule
2 Eier
1 EL Senf
geriebene Muskatnuss
Pflanzenöl zum Braten
100 g Sauerkraut
50 g grober Senf
¼ Ananas
1 Schale Petersilienkresse

Das Brot ca. 10 Minuten in der Milch einweichen, dann gut ausdrücken. Die Zwiebelwürfel in der Butter andünsten, salzen und pfeffern. Das Hackfleisch mit Brot, Zwiebeln, Eiern, Senf, Muskatnuss, Salz und Pfeffer gut verkneten. Aus der Hackmasse 20 kleine Buletten formen und in einer Pfanne in Öl bei mittlerer Hitze braten.
Das Sauerkraut gut abtropfen lassen, dann mit dem Senf zu einer feinen Paste mixen. Die Ananas schälen und das Fruchtfleisch in 20 schöne Würfel schneiden. Diese mit etwas Muskatnuss marinieren.
Die Buletten aus der Pfanne nehmen und auf Küchenpapier abtropfen lassen. Je 1 Ananaswürfel auf die Buletten spießen, mit Sauerkrautsenf toppen und mit Petersilienkresse garnieren.

THUNFISCH | SALZZITRONE | SESAM

400 g Thunfischfilet
1 Ei
100 g Kartoffeln, gekocht und durchgedrückt
Abrieb von 1 Bio-Zitrone
100 g Sesam
Pflanzenöl zum Braten
60 g Salzzitrone
60 g Mayonnaise
20 Streifen Bio-Zitronenzeste
10 Halme Schnittlauch, in Stücken

Den Thunfisch mit einem Messer sehr fein hacken. Mit Ei, Kartoffeln und Zitronenabrieb zu einer homogenen Masse verkneten. Mit Salz und Pfeffer abschmecken. Aus der Thunfischmasse 20 kleine Buletten formen und im Sesam wenden. Dann in einer Pfanne in Öl bei mittlerer Hitze braten.
Die Salzzitrone in einem kleinen Mixer fein pürieren und mit der Mayonnaise verrühren. Die Buletten aus der Pfanne nehmen und auf Küchenpapier abtropfen lassen. Mit der Salzzitronenmayo toppen, mit je 1 Zitronenzeste und Schnittlauch garnieren.

CIGKÖFTE | ZITRONE | GRANATAPFEL

- 250 g feiner Bulgur
- 150 ml Gemüsebrühe
- 150 ml Tomatensaft
- 1 Bio-Zitrone
- 60 ml Olivenöl
- 100 g Tomatenmark
- 50 g Paprikamark
- 1 EL Sumach
- 1 EL Isot-Pfeffer
- 20 g Blattpetersilie, grob gehackt
- 4 Blätter Eisbergsalat
- 2 EL Granatapfelkerne
- 2 Stängel Minze, abgezupft

Den Bulgur in eine große Schüssel geben. Gemüsebrühe und Tomatensaft aufkochen, mit Salz und Pfeffer würzen und darübergießen. Durchrühren und den Bulgur abgedeckt ca. 20 Minuten quellen lassen. Die Zitrone heiß abwaschen, abtrocknen und die Schale abreiben. Die Frucht dann dick schälen und die Filets mit einem Messer herauslösen. Die Zitronenfilets in 20 kleine Stücke schneiden.

Den Bulgur mit Zitronenabrieb, Olivenöl, Tomaten- und Paprikamark, Sumach und Isot-Pfeffer würzen. Die Petersilie untermischen und aus der Masse mit den Fingern 20 unregelmäßige Nocken formen.

Die Salatblätter in 20 Stücke schneiden. Die Nocken daraufsetzen, mit Granatapfelkernen, je 1 Zitronenfilet und Minze garnieren.

NÜSSE | SPICY APRIKOSE | SAFRAN

- 10 g geschroteter Leinsamen
- 40 g rote Zwiebelwürfel
- Olivenöl
- 40 g Lauch, in feinen Würfeln
- 40 g Karotten, in feinen Würfeln
- 35 g Champignons, in feinen Würfeln
- 10 g schwarze Knoblauchpaste
- 25 ml Gemüsebrühe
- 35 g gekochte Puy-Linsen
- 50 g Maronen, fein gehackt
- je 10 g Mandeln, Cashew- und Walnusskerne, fein gehackt
- 10 g getrocknete Cranberrys
- 35 g Pumpernickel, in feinen Würfeln
- 10 getrocknete Aprikosen
- 100 ml Orangensaft
- 0,1 g Safranfäden
- 1 TL Chiliflocken
- 2 Stängel Estragon, abgezupft

Den Leinsamen mit 3 EL Wasser verrühren und ca. 30 Minuten quellen lassen. Die Zwiebelwürfel in Olivenöl anschwitzen. Lauch-, Karotten- und Champignonwürfel mitschwitzen. Die Knoblauchpaste zugeben, salzen und pfeffern. Mit der Gemüsebrühe ablöschen und etwas einkochen lassen. Linsen, Maronen, Mandeln, Nüsse, Cranberrys, Pumpernickel und Leinsamen zugeben. Alles zu einer homogenen Masse verkneten und abschmecken. Aus der Masse 20 kleine Buletten formen und im vorgeheizten Backofen bei 140 °C Umluft ca. 30 Minuten garen.

Die Aprikosen in 20 ml Olivenöl anschwitzen. Orangensaft und Safran zugeben und köcheln lassen, bis die Aprikosen weich sind und der Saft verkocht ist. Die Chiliflocken untermischen und die Aprikosen halbieren.

Die Buletten aus dem Ofen nehmen. Jeweils mit ½ Safran-Aprikose toppen und mit Estragon garnieren.

CHORIZO | GETROCKNETE TOMATEN | PINIENKERNE

- 80 g helles Brot
- 40 ml Milch
- 40 g Zwiebelwürfel
- Olivenöl
- 2 Stängel Blattpetersilie
- 350 g gemischtes Hackfleisch (halb Rind, halb Schwein)
- 2 Eier
- 50 g feste Chorizo, in feine Würfel geschnitten
- 100 g getrocknete Tomaten in Öl
- 20 g Pinienkerne

Das Brot ca. 10 Minuten in der Milch einweichen, dann gut ausdrücken. Die Zwiebelwürfel in 20 ml Olivenöl andünsten, salzen und pfeffern. Die Petersilie fein hacken, einige Streifen für die Garnitur beiseitelegen.
Das Hackfleisch mit Brot, Zwiebeln, Petersilie, Eiern und Chorizowürfeln gut verkneten. Aus der Hackmasse 20 kleine Buletten formen und in einer Pfanne in Öl bei mittlerer Hitze braten.
Die getrockneten Tomaten fein pürieren. Die Pinienkerne rösten, 20 Kerne für die Garnitur abnehmen, die übrigen unter die Tomatenpaste mischen. Die Buletten aus der Pfanne nehmen und auf Küchenpapier abtropfen lassen. Mit der Tomaten-Pinienkern-Paste toppen, mit je 1 Pinienkern und Petersilie garnieren.

KIBBEH VOM RIND | KAROTTE | FENCHEL

- 100 g feiner Bulgur
- 150 g Gemüsebrühe
- 50 g Zwiebelwürfel
- Olivenöl zum Braten
- 30 g Sultaninen, gehackt
- 20 g Pinienkerne
- 1 EL Paprikapulver
- 1 TL gemahlener Kreuzkümmel
- 1 TL gemahlener Koriander
- 2 Msp. gemahlener Zimt
- 150 g Rinderhackfleisch
- 2 Stängel Blattpetersilie, grob gehackt
- 2 Eier
- Pflanzenöl zum Frittieren
- 1 Karotte
- 1 Fenchelknolle
- Saft und Abrieb von 1 Bio-Orange
- 40 ml Ahornsirup
- 1 Schalotte, gewürfelt

Den Bulgur in eine große Schüssel geben. Die Gemüsebrühe aufkochen, salzen und darübergießen. Durchrühren und den Bulgur abgedeckt ca. 20 Minuten quellen lassen.
Die Zwiebelwürfel in Olivenöl glasig anschwitzen. Sultaninen und Pinienkerne zugeben und ca. 5 Minuten mitschwitzen. Paprikapulver, Kreuzkümmel, Koriander und Zimt zugeben, mit Salz und Pfeffer abschmecken. Das Hackfleisch mit Bulgur, Zwiebelmischung und Petersilie zu einer homogenen Masse verkneten. Die Eier unterziehen und aus der Masse 20 ovale Bällchen formen. Die Kibbeh in 170 °C heißem Pflanzenöl frittieren. Auf Küchenpapier abtropfen lassen.
Aus Karotte und Fenchel jeweils 20 schöne Stücke für die Garnitur schneiden, das Fenchelgrün für die Garnitur beiseitelegen. Die Karotten- und Fenchelstücke in Olivenöl anschwitzen. Salzen, mit der Hälfte vom Orangensaft und 20 ml Ahornsirup ablöschen und bissfest garen.
Die Schalottenwürfel mit restlicher Karotte und Fenchel in Olivenöl anschwitzen. Salzen, mit übrigem Orangensaft und Ahornsirup (20 ml) ablöschen und zugedeckt sehr weich kochen. Dabei evtl. etwas Wasser zugeben. Danach fein pürieren. Den Orangenabrieb untermischen und die Creme mit Salz und Pfeffer abschmecken.
Die Kibbeh mit der Gemüsecreme toppen. Mit Karotten- und Fenchelstücken sowie Fenchelgrün garnieren.

GLÄSER & LÖFFEL

Gläser & Löffel

– Ergibt je ca. 20 Stück –

GLÄSER

KOHLRABI | MALZBIER | ENTEN-PASTRAMI

1 Tag vorher
16 g Pökelsalz
400 ml Wasser
300 g Entenbrust

---

20 g Roh-Rohrzucker
1 TL schwarzer Pfeffer, grob gemörsert
1 TL Korianderkörner, grob gemörsert
2 Schalotten, in feinen Streifen
20 ml Olivenöl
400 g Kohlrabi, gewürfelt
100 g Kartoffeln, gewürfelt
60 ml Malzbier
200 ml Gemüsebrühe
100 g Crème fraîche
weißer Balsamico-Essig

Aus Pökelsalz und Wasser eine 4 %ige Pökellake bereiten. Die Entenbrust darin über Nacht einlegen.
Am Folgetag die Entenbrust aus der Lake nehmen und gut abtrocknen. Mit Zucker, Pfeffer und Koriander einreiben und im Kamado-Grill bei 110 °C ca. 90 Minuten garen, danach noch 30 Minuten räuchern. (Dieser Prozess kann auch im Backofen erfolgen.) Die Entenbrust auskühlen lassen, in 2 mm dicke Scheiben schneiden und jeweils auf 1 Spieß stecken.
Die Schalotten im Olivenöl anschwitzen. Kohlrabi und Kartoffeln zugeben, salzen und mit dem Malzbier ablöschen. Mit der Gemüsebrühe auffüllen und weich kochen, dann fein pürieren. Die Crème fraîche unterrühren und abkühlen lassen. Die Kohlrabicreme mit Balsamico und Salz abschmecken und in 20 Gläsern anrichten. Je 1 Entenbrust-Spieß hineinstellen.

SELLERIE | ZUCKERMAIS | KANDIERTE OLIVEN

300 g Staudensellerie
100 g grüner Apfel, entkernt
200 g Zuckermais
geriebene Muskatnuss
Ahornsirup
10 Mini-Maiskolben
Olivenöl zum Braten
1 Msp. gemahlene Kurkuma
20 kandierte Oliven (von Antoniewicz)

Den Staudensellerie in grobe Stücke schneiden, die inneren Blätter für die Garnitur beiseitelegen. Den Apfel ebenfalls grob schneiden. Staudensellerie, Apfel und Zuckermais mit einem Stabmixer sehr fein pürieren. Evtl. zusätzlich durch ein Sieb passieren. Mit Salz, Muskatnuss und Ahornsirup abschmecken.
Die Maiskolben längs halbieren und in Olivenöl anschwitzen. Salzen, mit Kurkuma bestäuben, etwas Ahornsirup zugeben und bissfest dünsten.
Je ½ Maiskolben mit 1 kandierten Olive und 1 Sellerieblatt spießen. Den Sellerie-Smoothie in 20 Gläsern anrichten und je 1 Spieß darauflegen.

PAPRIKA | CHILI | KIRSCHE | ROASTBEEF

300 g Roastbeef
20 ml Rapsöl
1 Zweig Rosmarin
1 Zweig Thymian
400 g rote Paprika
60 ml Olivenöl
1–2 rote Chilis
100 g Süßkirschen, entsteint
200 g passierte Tomaten (Dose)

Das Roastbeef salzen, pfeffern und in einer Pfanne im Rapsöl rundum anbraten. Rosmarin und Thymian zugeben und das Fleisch im vorgeheizten Backofen bei 65 °C Umluft auf 56 °C Kerntemperatur garen. Herausnehmen, mit den Kräutern in Backpapier wickeln und im Kühlschrank auskühlen lassen.

Die Paprika schälen und daraus 20 schöne Rauten für die Garnitur schneiden. Diese salzen, zuckern und mit etwas Olivenöl vakuumieren. Die restliche Paprika mit Chilis, Kirschen, passierten Tomaten und übrigem Olivenöl im Mixer fein pürieren. Mit Salz und Zucker abschmecken.

Das Roastbeef in 20 gleichmäßige Würfel schneiden und mit den Paprikarauten spießen. Den Paprika-Smoothie in 20 Gläsern anrichten und je 1 Spieß hineinstellen.

ROTKOHL | INGWER | LAMM

300 g Lammrücken
Pflanzenöl zum Braten
1 Zweig Rosmarin
1 Zweig Thymian
100 g Apfel
250 g Rotkohl
100 g Apfelsaft
50 g Preiselbeeren
30 g Ingwer
20 ml Ahornsirup
20 Würfel kandierter Ingwer

Den Lammrücken salzen, pfeffern und in einer Pfanne in Öl rundum anbraten. Rosmarin und Thymian zugeben und das Fleisch im vorgeheizten Backofen bei 65 °C Umluft auf 56 °C Kerntemperatur garen. Herausnehmen, mit den Kräutern in Backpapier wickeln und im Kühlschrank auskühlen lassen.

Den Apfel schälen und entkernen. Aus dem Fruchtfleisch 20 schöne Würfel für die Garnitur schneiden. Rotkohl und Apfelsaft im Mixer fein pürieren. Etwas von der Flüssigkeit abnehmen und die 20 Apfelwürfel damit vakuumieren. Restlichen Apfel, Preiselbeeren, Ingwer und Ahornsirup mit in den Mixer geben und alles sehr fein pürieren. Den Smoothie evtl. zusätzlich durch ein Sieb passieren.

Den Lammrücken in 20 gleichmäßige Würfel schneiden. Diese mit je 1 Apfelwürfel und 1 kandierten Ingwerwürfel spießen. Den Rotkohl-Smoothie in 20 Gläsern anrichten und je 1 Spieß darauflegen.

LÖFFEL

RINDERHÜFTE | PARMESAN | CIPRIANI-SAUCE

300 g Rinderhüfte
50 g Mayonnaise
Worcestersauce
Saft von 1 Zitrone
Milch
Olivenöl
50 g Parmesanspäne
2 Stängel Blattpetersilie, fein geschnitten

Die Rinderhüfte mit einem Messer in dünne Scheiben schneiden. Die Scheiben auf dem Schneidebrett mit dem Messerrücken etwas plattieren und auf ein Blech legen.
Die Mayonnaise mit etwas Worcestersauce, Zitronensaft und Milch zu einer fließfähigen Konsistenz rühren.
Jeweils etwas Olivenöl und Salz auf 20 Löffel geben. Je 1 Fleischscheibe darauf drapieren, salzen, pfeffern und mit etwas Zitronensaft marinieren. Die Cipriani-Sauce daraufgeben und mit Parmesanspänen und Petersilie garnieren.

VITELLO TONNATO

300 g Kalbsfilet
Olivenöl zum Braten
1 Zweig Rosmarin
1 Zweig Thymian
200 g Thunfisch Loin (Saku-Schnitt)
1 Zitrone
30 g Kapern
100 g Mayonnaise
2 Sardellenfilets
2 Kirschtomaten, in Ecken geschnitten
20 Rucolaspitzen

Das Kalbsfilet salzen, pfeffern und in einer Pfanne in Olivenöl rundum anbraten. Rosmarin und Thymian zugeben und das Fleisch im vorgeheizten Backofen bei 65 °C Umluft auf 56 °C Kerntemperatur garen. Herausnehmen, mit den Kräutern in Backpapier wickeln und im Kühlschrank auskühlen lassen. Den Thunfisch salzen, pfeffern und in einer Pfanne in Olivenöl rundum von jeder Seite 10 Sekunden anbraten. Aus der Pfanne nehmen und auskühlen lassen.
Die Zitrone dick schälen und die Filets mit einem Messer herauslösen. Dabei den Saft auffangen und die restliche Zitrone mit der Hand gut auspressen. Die Zitronenfilets in 20 kleine Stücke schneiden. 20 Kapern für die Garnitur beiseitelegen. Die übrigen mit Mayonnaise und Sardellenfilets im Mixer fein pürieren. Mit Zitronensaft abschmecken.
Kalbfleisch und Thunfisch dünn aufschneiden und auf 20 Löffel drapieren. Jeweils mit Kapernmayonnaise, 1 Zitronenfilet, 1 Tomatenecke, 1 Kaperund 1 Rucolaspitze garnieren.

CIMA DI RAPA | BIRNE | RAUCHLACHS | WHISKEY

200 g Cima di Rapa (Stängelkohl)
Olivenöl
2 reife Birnen
Saft von 1 Zitrone
20 ml Whiskey
300 g Alaska-Räucherlachs am Stück
60 g Mayonnaise
Abrieb und Saft von 1 Bio-Zitrone

Die Cima di Rapa blanchieren und grob hacken. Mit Salz, Pfeffer und Olivenöl abschmecken. Aus 1 Birne 20 schöne Spalten schneiden und für die Garnitur beiseitelegen. Angeschnittene und übrige Birne schälen, entkernen und in Würfel schneiden. Mit Zitronensaft und Whiskey marinieren und leicht salzen. Dann mit dem Kohl vermischen.
Den Lachs in gleichmäßige Würfel schneiden. Die Mayonnaise mit Zitronenabrieb und etwas Zitronensaft abschmecken.
Lachs und Birnen-Kohl-Mischung auf 20 Löffeln anrichten. Mit je 1 Birnenspalte und 1 Tupfen Zitronenmayonnaise garnieren.

FESTLICHE ANLÄSSE & EXKLUSIVE EVENTS

PRALINEN

ZIEGENKÄSE | FEIGE | PUMPERNICKEL › S. 120

SCHAFSKÄSE | GRANAT-APFEL | PISTAZIE › S. 120

ROTGARNELE | YUZU | SESAM › S. 120

WILDSCHWEIN | BUCHWEIZEN | CRANBERRYS › S. 121

FRISCHKÄSE | BÜNDNER FLEISCH | SALBEI › S. 121

HORSD'ŒUVRE

POMMES PAVÉ | CRÈME FRAÎCHE | PETERSILIE › S. 126

NORI-SAIBLING | EDAMAME | SCHWARZER SESAM › S. 127

BEEF TATAR | GEBEIZTES EIGELB | KNUSPRIGE KAPERN › S. 129

GEBACKENE AUSTER | AUSTERNBROT | ZITRONENMAYO › S. 126

SUSHI-BALLS THUNFISCH | LACHS | AVOCADO › S. 128

HÄHNCHEN »ESCABECHE« | THYMIAN | PIQUILLO › S. 129

OYSTERS ROCKEFELLER › S. 127

HUMMER | SAFRAN-MAYO | FOCACCIA › S. 128

KALBSFILET I KERBEL | WALNUSS › S. 130

AUSTER | JOHANNIS-BEERE | PETERSILIE › S. 127

OBSIBLUE GARNELE | INGWER | CHILI › S. 129

BEEF TATAR | WACHTELEI | PUMPER-NICKEL › S. 130

KÜCHLEIN

JAKOBSMUSCHEL | LIMETTE | PIMENT D'ESPELETTE › S. 130

HOKKAIDO-KÜRBIS | MISO | KÜRBISKERN-KROKANT › S. 136

ZUCCHINI | MANDEL-DIP | ZITRONEN-PFEFFER › S. 137

BUCHWEIZEN | NUSSBUTTER | KAVIAR › S.139

TUNA TATAKI | SHISO | SOJALACK › S. 131

KRÄUTER-PANCAKE | KARTOFFELCREME | WACHTELEI › S. 136

SÜSSKARTOFFEL | ERD-NUSS | BASILIKUM › S. 138

BLÄTTERTEIG | LEBER-PÂTÉ | SAUTERNES › S. 139

ZUCKERERBSE | LAMM | MINZEDIP › S. 131

ROTE-BETE-PANCAKE | CASHEWMUS | YUZU-SESAM › S. 137

ALASKA SOCKEYE SALMON | BLINI | ZITRO-NENSCHMAND › S. 138

PASTINAKE | BOUDIN NOIR | ROSCOFF-ZWIEBEL › S. 139

AUSTERNPILZ | CHILIMAYO | BERGAMOTTE › S.131

ERBSEN-PANCAKE | ZIEGENKÄSE | MINZE › S. 137

CRAB CAKES | LIMETTE | DILL › S. 138

AM SPIESS – FLEISCH & FISCH

KALBSRÜCKEN | PFLAUME | VADOUVAN › S. 144

SCHWARZFEDER-HUHN | SAUCE ROUILLE | MELANGE NOIR › S. 145

CARABINERO | TOMATENPULVER | YUZU › S. 146

SCHWARZFEDER-HUHN | MANGOLD | SAFRAN › S. 148

ENTENBRUST | APFEL | VANILLE › S. 144

WACHTELBRUST | ORANGE | PISTAZIE › S. 145

PULPO | MANGO | GRÜNER PFEFFER › S. 147

RIESENGARNELE | ERDNUSS | KIRSCHE › S. 149

RINDERFILET | TOMATE | KANDIERTE OLIVE › S. 144

MAISPOULARDE | ERBSENPESTO | SOJA-LACK › S. 146

GEBEIZTER THUN-FISCH | SÜSSKARTOFFEL | PASSIONSFRUCHT › S. 147

LAMMRÜCKEN | TERIYAKISAUCE | GE-GRILLTE PFLAUME › S. 149

SALTIMBOCCA | KIKOK-HUHN | PINIEN-KERNE › S.145

ALASKA BLACK COD | GOCHUJANG | SESAM › S.146

ALASKA KING SALMON | LILA KARTOFFEL | ESTRAGON › S. 148

AM SPIESS – GEMÜSE & CO.

ZUCCHINI | PAPRIKA | ORANGE › S. 153

WASSERMELONE | SALZMANDEL | SZECHUANPFEFFER › S. 153

KRÄUTERSEITLING | SOJASAUCE | PETERSILIENGEL › S. 153

KICHERERBSE | BLUMENKOHL | SAFRAN › S. 153

ROMANESCO | KARTOFFEL | EHRENPREIS › S. 154

OFENTOMATE | GRÜNER SPARGEL | SCHWARZER KNOBLAUCH › S. 154

GAZPACHOGEMÜSE | BASILIKUM | OLIVE › S. 154

CHEDDAR | GELBE KAROTTE | ORANGE › S. 155

SELLERIE | TRÜFFEL | HASELNUSS › S. 155

GLÄSER & LÖFFEL

GURKENSHOT | KRÄUTERBOUQUET | KAMILLE › S. 158

AJO BLANCO | WEINTRAUBEN | KAFFEEÖL › S. 158

HUMMER | TOMATE | VANILLE › S. 158

VICHYSSOISE | LAUCHÖL | ROGGENKNUSPER › S. 159

KOPFSALAT | GRÜNE PAPRIKA | FOCACCIA › S.159

GRÜNKOHL | MANGO | KAVIAR › S. 160

ZUCCHINIBLÜTE | PARMIGIANO | SÜSSE SCHALOTTEN › S. 160

CROCCHÈ DI PATATE | GORGONZOLA DOLCE | FEIGE › S. 160

KERBELWURZEL | HEFESCHAUM | RAUCHPAPRIKA › S. 161

PRALINEN

Pralinen

– Ergibt je ca. 30 Stück –

ZIEGENKÄSE | FEIGE | PUMPERNICKEL

120 g getrocknete Feigen
600 g Ziegenfrischkäse
250 g Pumpernickel
2 frische Feigen

Die getrockneten Feigen klein hacken und mit dem Ziegenfrischkäse zu einer cremigen Masse verrühren. Mit Salz und Pfeffer abschmecken. Den Pumpernickel im vorgeheizten Backofen bei 65 °C Umluft trocknen, dann fein mixen. Aus den frischen Feigen 30 kleine Stücke schneiden.
Aus der Ziegenkäsemasse 30 kleine Kugeln formen und im gerösteten Pumpernickel wälzen. In Pralinenmanschetten anrichten und mit je 1 Feigenstück toppen.

SCHAFSKÄSE | GRANATAPFEL | PISTAZIE

600 g Schafskäse (Feta)
90 g Granatapfelsirup
150 g gehackte Pistazien
30 Granatapfelkerne

Schafskäse und Granatapfelsirup zu einer cremigen Masse verrühren. Mit Salz und Pfeffer abschmecken.
Aus der Käsemasse 30 kleine Kugeln formen und in den Pistazien wälzen. In Pralinenmanschetten anrichten und mit je 1 Granatapfelkern toppen.

ROTGARNELE | YUZU | SESAM

125 g Eiweiß
350 g rohe Rotgarnelen, geschält und geputzt
125 g Sahne
10 ml Yuzusaft
20 g gepickelter Ingwer, fein gehackt
100 g Panko-Mehl
Pflanzenöl zum Braten
50 g Yuzu-Sesam
40 g kandierter Ingwer

Eiweiß und 200 g Garnelen in einem kleinen Mixer pürieren. Nach und nach die Sahne untermixen, bis eine homogene Masse entsteht. Yuzusaft, gepickelten Ingwer und Panko untermischen. Die restlichen Garnelen (150 g) sehr fein würfeln. In Öl scharf anbraten, salzen und abkühlen lassen. Dann unter die Garnelenmasse mischen.
Aus der Garnelenmasse 30 kleine Kugeln formen, im Yuzu-Sesam wenden und im vorgeheizten Backofen bei 90 °C Umluft ca. 20 Minuten garen. Danach abkühlen lassen.
Den kandierten Ingwer in 30 Stücke schneiden. Die Bällchen in Pralinenmanschetten anrichten und mit je 1 Ingwerstück garnieren.

WILDSCHWEIN | BUCHWEIZEN | CRANBERRYS

- 80 g helles Brot
- 40 ml Milch
- 40 g Zwiebelwürfel
- 20 g Butter
- 400 g Hackfleisch vom Wildschwein
- 2 Eier
- 20 g grober Senf
- Abrieb von ½ Bio-Zitrone
- 1 TL Wacholderbeeren, fein gehackt
- 150 g geschälter Buchweizen
- 100 g getrocknete Cranberrys, gehackt
- 100 ml Ahornsirup

Das Brot ca. 10 Minuten in der Milch einweichen, dann gut ausdrücken. Die Zwiebelwürfel in der Butter andünsten, salzen und pfeffern. Das Hackfleisch mit Brot, Zwiebeln, Eiern, Senf, Zitronenabrieb und Wacholderbeeren gut verkneten. Aus der Hackmasse 30 kleine Kugeln formen und im vorgeheizten Backofen bei 90 °C Umluft ca. 20 Minuten garen. Danach abkühlen lassen.

Den Buchweizen in einer Pfanne langsam rösten, dann mit den Cranberrys vermischen. Die Bällchen zuerst im Ahornsirup, dann in der Buchweizen-Cranberry-Mischung wälzen. In Pralinenmanschetten anrichten.

FRISCHKÄSE | BÜNDNER FLEISCH | SALBEI

- 2 Zweige Salbei
- Butter zum Braten
- 500 g Doppelrahm-Frischkäse
- 200 g Bündner Fleisch in Scheiben

Die Salbeiblätter abzupfen und in feine Streifen schneiden, dabei 30 Spitzen für die Garnitur beiseitelegen. Den Salbei in einer Pfanne in Butter kurz anbraten, auf Küchenpapier abtropfen lassen. Gebratenen Salbei und Frischkäse zu einer cremigen Masse verrühren. Mit Salz und Pfeffer abschmecken. Das Bündner Fleisch in feine Würfel schneiden. Aus der Frischkäsemasse 30 kleine Kugeln formen und in den Bündner-Fleisch-Würfeln wälzen. In Pralinenmanschetten anrichten und mit je 1 Salbeispitze garnieren.

HORSD'ŒUVRE

HORS D'ŒUVRE

Horsd'œuvre

– Ergibt je ca. 24 Stück –

POMMES PAVÉ | CRÈME FRAÎCHE | PETERSILIE

- 750 g mehligkochende Kartoffeln
- 120 g Sahne
- geriebene Muskatnuss
- 60 g weiche Butter
- Pflanzenöl zum Braten
- 150 g Crème fraîche
- Fleur de Sel
- 1 Schale Petersilienkresse

Die Kartoffeln schälen und in sehr dünne Scheiben schneiden oder hobeln. Die Sahne in einer Schüssel mit Muskatnuss, Salz und Pfeffer würzen. Die Kartoffelscheiben untermischen. Eine Backform mit Backpapier auslegen. Das Papier mit einem Teil der Butter bestreichen, salzen und pfeffern. Die Kartoffelscheiben in mehreren Lagen ca. 2 cm hoch dicht in die Form schichten. Dabei jede Lage wieder mit Butter bestreichen, salzen und pfeffern. Die Kartoffeln im vorgeheizten Backofen bei 170 °C Umluft in ca. 90 Minuten sehr weich backen. Herausnehmen und kurz abkühlen lassen. Dann einen Bogen Backpapier darauflegen, mit einer zweiten, etwas kleineren Form beschweren und die Kartoffeln über Nacht im Kühlschrank fest werden lassen.

Danach die Kartoffeln in 24 Stäbchen schneiden und in Öl von oben und unten goldbraun braten. Auf Küchenpapier abtropfen und kurz abkühlen lassen. Mit Crème fraîche, Fleur de Sel und Petersilienkresse garnieren.

GEBACKENE AUSTER | AUSTERNBROT | ZITRONENMAYO

– Ergibt ca. 12 Stück –

- 3 Scheiben Pumpernickel
- 40 g Butter
- 2 Scheiben Cheddar (in Größe des Pumpernickels)
- 12 Austern
- 2 EL Mehl
- 1 Ei, verquirlt
- 100 g Panko-Mehl
- Pflanzenöl zum Frittieren
- 60 g Mayonnaise
- Abrieb von 1 Bio-Zitrone
- 1 Schale Blutampfer

Den Pumpernickel mit Butter bestreichen. Dann Pumpernickel und Cheddar abwechselnd aufeinanderschichten. Die Austern öffnen und aus der Schale lösen, dabei das Austernwasser auffangen. Auf Küchenpapier abtropfen lassen. Die Austern bemehlen, im Ei wenden und im Panko panieren. In heißem Öl 2–3 Minuten frittieren.

Die Mayonnaise mit Zitronenabrieb und Austernwasser abschmecken. Das Austernbrot in 12 gleichmäßige Stücke schneiden. Die frittierten Austern auf die Brottürmchen spießen, mit Zitronenmayonnaise toppen und mit Blutampfer garnieren.

OYSTERS ROCKEFELLER

– Ergibt ca. 12 Stück –

60 g Butter
½ Knoblauchzehe, fein gewürfelt
30 g Schalottenwürfel
60 g junger Spinat, grob gehackt
30 g Parmesan, gerieben
30 g Panko-Mehl
2 Zweige Thymian, Blätter grob gehackt
12 Austern

Die Butter in einer Pfanne erhitzen und den Knoblauch darin leicht bräunen. Die Schalottenwürfel zugeben, salzen, pfeffern und glasig anschwitzen. Den Spinat zufügen und ca. 1 Minute mitgaren. Parmesan, Panko und Thymian vermischen und zum Spinat geben.

Die Austern öffnen und den Muskel vollständig von der Schale lösen. Die Spinat-Brösel-Mischung auf den Austern verteilen und diese im vorgeheizten Backofen bei 200 °C Umluft ca. 10 Minuten backen.

AUSTER | JOHANNISBEERE | PETERSILIE

– Ergibt ca. 12 Stück –

3 Stängel Blattpetersilie
60 ml Olivenöl
12 Austern
3–4 Rispen Rote Johannisbeeren

Die Petersilie mit Olivenöl und etwas Salz sehr fein pürieren. Ca. 10 Minuten ruhen lassen, dann durch ein Tuch passieren.

Die Austern aufbrechen und den Muskel vollständig von der Schale lösen. Die Johannisbeeren von den Rispen zupfen. Die Austern mit je 3 Johannisbeeren und etwas Petersilienöl toppen.

NORI-SAIBLING | EDAMAME | SCHWARZER SESAM

Mind. 24 Stunden vorher
500 g Saiblingsfilet
30 g Salz, 20 g Zucker

---

4 Noriblätter
100 g Edamame (Sojabohnenkerne)
geröstetes Sesamöl
1 EL Ponzusauce
1 TL helle Misopaste
1 TL schwarzer Sesam
1 Schale Chilikresse

Das Saiblingsfilet mit der Salz-Zucker-Mischung bestreuen und auf einem (Loch-)Blech mind. 24 Stunden beizen. Salz-Zucker-Mischung entfernen und das Filet längs in zwei Hälften schneiden.

Den Fisch stramm in die Noriblätter wickeln und vakuumieren. Die Edamame blanchieren. Dann 24 Stück abnehmen und mit etwas Salz und Sesamöl marinieren. Die restlichen Edamame mit Ponzusauce und Misopaste zu einer feinen Creme pürieren.

Den Saibling in 24 Portionen schneiden. Mit der Edamamecreme toppen und mit je 1 marinierten Edamame, Sesam und Chilikresse garnieren.

SUSHI-BALLS THUNFISCH | LACHS | AVOCADO

150 g Sushireis
200 ml Wasser
30 ml gewürzter Sushiessig
100 ml Sojasauce
1 EL Speisestärke
5 g Wasabi-Pulver
100 g Alaska King Lachs (Sushiqualität) in Scheiben
100 g Thunfisch (Sushiqualität) in Scheiben
100 g Avocado in Scheiben

Den Reis drei- bis viermal waschen, bis das Wasser klar bleibt. Nach dem letzten Waschen den Reis mit Wasser bedeckt ca. 30 Minuten ruhen lassen. Dann mit dem Wasser aufkochen und bei kleiner Hitze 12–14 Minuten köcheln lassen, bis der Reis das Wasser aufgesogen hat. Weitere 10 Minuten quellen lassen, dann den Essig vorsichtig unterheben, sodass die Reiskörner ihre Form behalten.
Die Sojasauce aufkochen und mit der in kaltem Wasser angerührten Speisestärke binden. Den Wasabi in die noch warme Sauce rühren.
Den Sushireis zu 24 kleinen Kugeln formen. Jeweils ein Drittel der Kugeln mit Lachs, Thunfisch und Avocado belegen. Auf jede Kugel Frischhaltefolie legen und die Kugel stramm darin einwickeln, sodass der Belag sich um den Reis legt. Auswickeln und mit der gebundenen Sojasauce toppen.

HUMMER | SAFRANMAYO | FOCACCIA

– Ergibt ca. 12 Stück –

2 Hummerschwänze (High Pressure), ausgelöst
2 Zweige Thymian
40 g geklärte Butter
150 g Focaccia
Olivenöl
0,1 g Safranfäden
60 ml Gemüsebrühe
60 g gekochte Kartoffeln
¼ Knoblauchzehe
100 g Mayonnaise
Saft von 1 Zitrone
Cayennepfeffer
Piment d'Espelette
12 Kräuterspitzen

Die Hummerschwänze 30–40 Sekunden blanchieren und abschrecken. Dann mit dem Thymian in der geklärten Butter rumdum anbraten, sodass sie noch leicht glasig sind.
Die Focaccia in 12 Chips schneiden, mit etwas Olivenöl beträufeln und im vorgeheizten Backofen bei 140 °C Umluft in ca. 15 Minuten knusprig rösten.
Den Safran in der Gemüsebrühe kurz aufkochen und ca. 5 Minuten ziehen lassen. Die Kartoffeln hineinpressen, mit dem Schneebesen glatt rühren und abkühlen lassen. Den Knoblauch mit etwas Salz zu einer feinen Paste zerdrücken. Mayonnaise, Safran-Kartoffel-Creme und Knoblauchpaste verrühren. Mit Zitronensaft und Cayennepfeffer abschmecken.
Jeden Hummerschwanz in 6 Tranchen schneiden und auf den gerösteten Focacciachips anrichten. Mit Safranmayonnaise toppen, mit Piment d'Espelette bestreuen und mit 1 Kräuterspitze garnieren.

OBSIBLUE GARNELE | INGWER | CHILI

– Ergibt ca. 12 Stück –

50 g Tapiokaperlen
2 EL Sojasauce
Pflanzenöl zum Frittieren
200 g Obsiblue Garnelen
1 TL fein geriebener Ingwer
½ TL Chiliflocken
20 ml Mandelöl
1 TL gepickelter Ingwer
1 Schale Kapuzinerkresse

Die Tapiokaperlen in 1–2 l Wasser in ca. 30 Minuten weich kochen. Dabei regelmäßig umrühren. In ein Sieb abgießen und kurz abspülen, dann mit der Sojasauce abschmecken. Die Masse mit einer nassen Winkelpalette dünn auf Backpapier streichen und im vorgeheizten Backofen bei ca. 90 °C Umluft in ca. 3 Stunden durchtrocknen lassen. Danach in kleine Stücke brechen. Die Chips in Pflanzenöl frittieren, bis sie aufpoppen.

Die Garnelen schälen, putzen und hacken. Mit Ingwer, Chiliflocken, Mandelöl, Salz und Pfeffer abschmecken. Das Garnelentatar auf den Tapiokachips anrichten. Mit gepickeltem Ingwer, Chiliflocken und Kapuzinerkresse garnieren.

BEEF TATAR | GEBEIZTES EIGELB | KNUSPRIGE KAPERN

5 Tage vorher
100 g Salz, 100 g Zucker
2 Eigelb

---

400 g Rinderfilet
1 Schalotte
40 g Cornichons
2 eingelegte Sardellen
80 g Kapern
2 Eigelb
20 g Senf
Mehl zum Wenden
Pflanzenöl zum Frittieren
100 g Focaccia
Olivenöl
1 Schale Wasserkresse

Salz und Zucker mischen. Zwei Drittel davon in eine kleine Form geben, die Eigelbe daraufsetzen und mit der restlichen Salz-Zucker-Mischung bedecken. Die Form gut verschließen und 5 Tage in den Kühlschrank stellen. Danach die Eigelbe herausnehmen, kurz abspülen und im vorgeheizten Backofen bei 70 °C Umluft 1–2 Stunden trocknen.

Das Rinderfilet parieren und fein hacken. Schalotte schälen und fein würfeln. Cornichons, Sardellen und 40 g Kapern ebenfalls fein würfeln. Alles mit Eigelben, Senf, Salz und Pfeffer gut vermischen. Das Tatar abschmecken.

Die übrigen Kapern (40 g) abspülen und auf Küchenpapier trocknen. Dann bemehlen und in Pflanzenöl knusprig frittieren.

Die Focaccia zuerst in sehr dünne Scheiben, dann in 48 Chips schneiden. Die Chips mit etwas Olivenöl beträufeln und im vorgeheizten Backofen bei 140 °C Umluft in ca. 15 Minuten knusprig rösten.

Aus dem Tatar 24 kleine Kugeln formen und von zwei Seiten je 1 Focacciachip andrücken. Mit geraspeltem gebeiztem Eigelb, frittierten Kapern und Wasserkresse garnieren.

HÄHNCHEN »ESCABECHE« | THYMIAN | PIQUILLO

100 g Schalotten
6 Zweige Thymian
Olivenöl
100 ml Weißwein
100 ml Sherryessig
200 ml Wasser
400 g Maishähnchenbrust
100 g Piquillo-Paprika, fein gewürfelt

Die Schalotten schälen und in Streifen schneiden. Vom Thymian 24 weiche Spitzen für die Garnitur abzupfen. Übrige Thymianzweige und Schalotten in Olivenöl glasig anschwitzen. Mit Weißwein und Essig ablöschen, das Wasser zugießen, mit Salz und reichlich Zucker abschmecken.

Die Hähnchenbrust parieren und im Essigsud ca. 15 Minuten auf 65 °C Kerntemperatur pochieren. Das Fleisch herausnehmen, den Sud noch etwas reduzieren lassen, dann passieren. Die im Sieb verbliebenen Schalotten mit den Piquillo-Paprika vermischen. Mit etwas Olivenöl marinieren und abschmecken.

Die Hähnchenbrust in 24 gleichmäßige Stäbchen schneiden. Mit dem Schalotten-Paprika-Ragout toppen und mit je 1 Thymianspitze garnieren.

KALBSFILET I KERBEL | WALNUSS

1 Bund Kerbel
400 g Kalbsfilet
120 g Frischkäse
Abrieb von ½ Bio-Zitrone
20 ml Walnussöl
12 Walnusskerne, halbiert

Den Kerbel fein hacken, dabei 24 Spitzen für die Garnitur beiseitelegen. Das Kalbsfilet parieren und längs halbieren. Mit Salz und Pfeffer würzen und im gehackten Kerbel wälzen. Die Filetstücke mithilfe von Frischhaltefolie zu Rollen formen und im Wasserbad bei 80 °C in ca. 15 Minuten auf 56 °C Kerntemperatur pochieren. Danach schnell herunterkühlen. Den Frischkäse mit Zitronenabrieb und Walnussöl cremig rühren.
Das Kalbsfilet auswickeln und in 24 Portionen schneiden. Mit dem Frischkäse toppen, mit je 1 Walnussstück und 1 Kerbelspitze garnieren.

BEEF TATAR | WACHTELEI | PUMPERNICKEL

400 g Rinderfilet
1 Schalotte
40 g Cornichons
2 eingelegte Sardellen
40 g Kapern
2 Eigelb
20 g Senf
8 Scheiben Pumpernickel
24 Wachteleier
Fleur de Sel

Das Rinderfilet parieren und fein hacken. Die Schalotte schälen und fein würfeln. Cornichons, Sardellen und Kapern ebenfalls fein würfeln. Alles mit Eigelben, Senf, Salz und Pfeffer gut vermischen. Das Tatar abschmecken.
Aus dem Pumpernickel 24 Taler (Ø 4–5 cm) ausstechen. Die Wachteleier in einer Pfanne zu Spiegeleiern braten und mit demselben Ausstecher rund ausstechen. Das Beef Tatar auf den Pumpernickel-Talern anrichten, je 1 Wachtelei daraufsetzen und mit Fleur de Sel toppen.

JAKOBSMUSCHEL | LIMETTE | PIMENT D'ESPELETTE

3 Scheiben Pumpernickel
12 Jakobsmuscheln, ausgelöst
2 Zweige Thymian
Olivenöl
100 g Mayonnaise
Abrieb und Saft von 1 Bio-Limette
Piment d'Espelette
1 Schale Limonenkresse

1 Scheibe Pumpernickel zu feinen Bröseln mixen. Die Brösel im vorgeheizten Backofen bei 80 °C Umluft in ca. 40 Minuten trocken rösten. Die übrigen 2 Scheiben in 24 Rechtecke schneiden.
Die Jakobsmuscheln salzen und mit dem Thymian in Olivenöl von beiden Seiten braten, sodass sie noch leicht glasig sind. Die Mayonnaise mit Limettenabrieb und -saft abschmecken. Die Jakobsmuscheln halbieren und mit der Schnittfläche auf die Pumpernickel-Stücke setzen. Mit der Limettenmayonnaise toppen, mit Pumpernickel-Crumble und Piment d'Espelette bestreuen. Mit Limonenkresse garnieren.

TUNA TATAKI | SHISO | SOJALACK

– Ergibt ca. 12 Stück –

2 EL weißer Sesam
1 EL schwarzer Sesam
250 g Thunfisch Loin (Saku-Schnitt)
Pflanzenöl zum Braten
40 ml Ahornsirup
100 ml Sojasauce
Saft und Abrieb von 1 Bio-Limette
½ Knoblauchzehe
1 Schale Shiso-Kresse

Den Sesam mischen und hell rösten. Den Thunfisch in lange Quader schneiden und im gerösteten Sesam wenden. In einer Pfanne in Pflanzenöl von jeder Seite ca. 15 Sekunden anbraten.
Ahornsirup, Sojasauce, Limettensaft und Knoblauch zu einer sirupartigen Konsistenz reduzieren. Den Knoblauch herausnehmen und den Limettenabrieb zugeben. Den Thunfisch in 12 Scheiben schneiden. Mit dem Sojalack toppen und mit Shiso-Kresse garnieren.

ZUCKERERBSE | LAMM | MINZEDIP

400 g Lammrücken
Olivenöl
2 Stängel Minze
100 g griechischer Joghurt
Abrieb und Saft von 1 Bio-Zitrone
6 Zuckerschoten
1 Schale Erbsenkresse

Den Lammrücken salzen und pfeffern. In einer Pfanne in Olivenöl rundum anbraten, dann im vorgeheizten Backofen bei 90 °C Umluft in ca. 20 Minuten auf 56 °C Kerntemperatur garen. Danach schnell herunterkühlen.
Die Minze in feine Streifen schneiden und mit dem Joghurt verrühren. Den Dip mit Zitronenabrieb, etwas Zitronensaft, Salz und Zucker abschmecken.
Die Zuckerschoten in feine Streifen schneiden, mit Salz und Zucker ankneten und ca. 10 Minuten ziehen lassen. Danach die ausgetretene Flüssigkeit abgießen und die Streifen mit etwas Olivenöl und Zitronensaft marinieren.
Den Lammrücken in 24 Scheiben schneiden. Mit dem Minzedip toppen, mit Zuckerschoten und Erbsenkresse garnieren.

AUSTERNPILZ | CHILIMAYO | BERGAMOTTE

2 Eier
24 kleine Austernpilze
30 g Mehl
100 g Panko-Mehl
Pflanzenöl zum Braten
100 g Mayonnaise
1 EL Chiliflocken
Abrieb und Saft von 1 Bio-Bergamotte
Blattpetersilie, fein geschnitten

Die Eier verquirlen und salzen. Die Austernpilze von einer Seite bemehlen, in das verquirlte Ei und danach in Panko dippen. Auf der panierten Seite in reichlich Pflanzenöl goldgelb braten.
Die Mayonnaise mit Chiliflocken, etwas Bergamottenabrieb und -saft abschmecken. Den gebratenen Austernpilze mit der Mayonnaise toppen. Mit Bergamottenabrieb und Petersilie garnieren.

KÜCHLEIN

KÜCHLEIN

Küchlein

– Ergibt je ca. 24 Stück –

HOKKAIDO-KÜRBIS | MISO | KÜRBISKERNKROKANT

250 g Hokkaido-Kürbis
Pflanzenöl
1 Ei
20 g Roh-Rohrzucker, plus 1 TL
60 g Mehl, gesiebt
25 g weiche Butter
50 g weiße Kuverture, geschmolzen
50 g helle Misopaste
1 EL Orangensaft
1 TL Sojasauce
100 g Mayonnaise
30 g Kürbiskerne
60 g Zucker

Den Kürbis in grobe Stücke schneiden. Diese salzen, zuckern, mit etwas Öl marinieren und im vorgeheizten Backofen bei 160 °C Umluft in ca. 20 Minuten weich garen. Danach im Mixer fein pürieren und abschmecken.
Das Ei mit 20 g Rohrzucker warm schaumig schlagen, bis es bindet. Mehl, Butter, 180 g Kürbispüree und Kuvertüre zugeben und glatt rühren. Die Masse knapp 1 cm hoch in eine mit Backpapier ausgelegte Form geben und abgedeckt im vorgeheizten Backofen bei 160 °C Umluft ca. 30 Minuten backen. Danach abkühlen lassen und je 24 Taler in zwei Größen (Ø 2,5 cm und 1,5 cm) ausstechen.
Misopaste, Orangensaft, Sojasauce, 1 TL Rohrzucker und Mayonnaise cremig verrühren.
Die Kürbiskerne rösten. Parallel dazu den Zucker in einem Topf bei mittlerer Hitze karamellisieren lassen. Die Kürbiskerne untermischen, bis sie mit dem Karamell umhüllt sind. Auf geöltes Backpapier gießen, flach verstreichen und auskühlen lassen. Den Krokant dann in kleine Stücke brechen.
Die größeren Kürbistaler mit der Misocreme toppen. Die kleineren Taler auflegen und mit Kürbiskernkrokant garnieren

KRÄUTER-PANCAKE | KARTOFFELCREME | WACHTELEI

70 g frische Kräuter (Petersilie, Kerbel, Schnittlauch, Estragon, Dill)
100 g Mehl
1 TL Backpulver
2 Eier
125 ml Milch
100 g Quark
Pflanzenöl zum Braten
1 mehligkochende Kartoffel
50 g Crème fraîche
geriebene Muskatnuss
6 Wachteleier

Die Kräuter waschen, trocken schütteln und einige Spitzen für die Garnitur beiseitelegen. Die restlichen Kräuter fein schneiden. Mehl, Backpulver und Salz mischen. Die Eier trennen. Eigelbe, Milch, Quark und Kräuter verrühren, dann unter die Mehlmischung rühren. Die Eiweiße steif schlagen und vorsichtig unterheben. In einer Pfanne in Öl portionsweise je 24 Pancakes in zwei Größen (Ø 2,5 cm und 1,5 cm) von beiden Seiten braten.
Die Kartoffel schälen, in grobe Würfel schneiden und in Salzwasser weich garen. Abgießen und grob stampfen, dann mit der Crème fraîche mit dem Schneebesen cremig verrühren. Die Creme mit Salz und Muskatnuss abschmecken. Die Wachteleier wachsweich kochen, pellen und vierteln.
Die Kartoffelcreme mit einem Spritzbeutel auf die größeren Pancakes dressieren. Die kleineren Pancakes auflegen und mit je ¼ Wachtelei und Kräuterspitzen garnieren.

ROTE-BETE-PANCAKE | CASHEWMUS | YUZU-SESAM

100 g gekochte Rote Bete
90 ml Cashewdrink (ungesüßt)
1 Ei
2 EL Ahornsirup
50 g Mehl
1 TL Backpulver
Pflanzenöl zum Braten
50 g Cashewkerne
1 EL Yuzu-Sesam
1 Schale Blutampfer

Die Rote Bete mit dem Cashewdrink fein pürieren und evtl. durch ein Haarsieb passieren. Ei und Ahornsirup unter die Rote-Bete-Masse rühren. Mehl und Backpulver zugeben und alles zu einem glatten Teig verrühren. In einer Pfanne in Öl portionsweise 24 Pancakes braten.
Die Cashewkerne in Wasser einmal aufkochen und ca. 1 Stunde quellen lassen. Dann im Mixer sehr cremig pürieren, dabei evtl. noch etwas Wasser zufügen. Das Mus mit Salz abschmecken. Die Pancakes mit dem Cashewmus toppen, mit Yuzu-Sesam und Blutampfer garnieren.

ERBSEN-PANCAKE | ZIEGENKÄSE | MINZE

200 g Erbsen (TK)
60 ml Buttermilch
1 Ei
2 Stängel Blattpetersilie, abgezupft
50 g Mehl
½ TL Backpulver
geriebene Muskatnuss
Pflanzenöl zum Braten
100 g Ziegenfrischkäse
Zitronensaft
24 Minzeblätter
1 Schale Erbsenkresse

Die Erbsen 2–3 Minuten blanchieren und abschrecken. Dann mit Buttermilch, Ei und Petersilienblättern sehr fein pürieren. Das Püree mit Mehl und Backpulver zu einem glatten Teig verrühren, mit Salz und Muskatnuss abschmecken. In einer Pfanne in Öl portionsweise 24 Pancakes von beiden Seiten goldgelb braten.
Den Ziegenfrischkäse cremig rühren, mit Zitronensaft, Salz und Pfeffer abschmecken. Die Pancakes mit der Käsecreme toppen, mit Minzeblättern und Erbsenkresse garnieren.

ZUCCHINI | MANDEL-DIP | ZITRONENPFEFFER

4 Blätter Esspapier aus Kartoffel
Pflanzenöl zum Frittieren
50 g geschälte Mandeln
1 grüne Zucchini
1 gelbe Zucchini
Ras el Hanout
Olivenöl
Abrieb von ½ Bio-Zitrone
1 TL Zitronenpfeffer
4 Halme Schnittlauch, in Stücken

Das Esspapier rund (Ø 4–5 cm) ausstechen. Die Kreise nacheinander in Pflanzenöl frittieren. Noch warm in ein Schnapsglas drücken und mit einem zweiten Glas beschweren, sodass nach dem Auskühlen kleine Tartelette-Schalen entstehen.
Die Mandeln in Wasser einmal aufkochen und ca. 1 Stunde quellen lassen. Dann im Mixer sehr cremig pürieren, dabei evtl. noch etwas Wasser zufügen. Das Mus mit Salz abschmecken.
Die Zucchini mit der Aufschnittmaschine längs in sehr dünne Scheiben schneiden. Mit Salz, Ras el Hanout, etwas Olivenöl und Zitronenabrieb marinieren. Die Zucchinischeiben farblich abwechselnd aufeinanderlegen. Zuschneiden, zu Rosetten aufdrehen und in die Tartelette-Schalen legen. Mit Mandelmus, Zitronenpfeffer und Schnittlauch garnieren.

SÜSSKARTOFFEL | ERDNUSS | BASILIKUM

500 g Süßkartoffeln
Ahornsirup
1 TL Chiliflocken
Satésauce (von Kirberg)
1 EL Erdnusskerne, geröstet
1 Schale Basilikumkresse

Die Süßkartoffeln schälen und in ca. 1 cm dicke Scheiben schneiden. Aus den Scheiben 24 Taler (Ø ca. 4 cm) ausstechen. Taler und Abschnitte mit Salz, Ahornsirup und Chiliflocken marinieren und getrennt vakuumieren. Die Taler im Wasserbad bei 85 °C ca. 40 Minuten garen, die Abschnitte ca. 80 Minuten garen.
Danach die Abschnitte im Mixer fein pürieren und abschmecken. Die Süßkartoffelcreme mit einem Spritzbeutel auf die Taler dressieren. Mit einem Löffelrücken eine kleine Mulde in die Creme drücken und etwas Satésauce hineingeben. Mit Erdnüssen und Basilikumkresse garnieren.

ALASKA SOCKEYE SALMON | BLINI | ZITRONENSCHMAND

Mind. 24 Stunden vorher
250 g Alaska Sockeye Wildlachs
15 g Salz, 10 g Zucker

---

100 g Buchweizenmehl
50 g Weizenmehl
20 g Butter
100 ml Milch
10 g frische Hefe
1 Prise Zucker
1 Ei
1 Eigelb
1 Eiweiß
½ TL Salz
Sonnenblumenöl zum Braten
100 g Schmand
Abrieb und Saft von 1 Bio-Zitrone
24 Dillspitzen

Den Lachs mit der Salz-Zucker-Mischung bestreuen und auf einem (Loch-)Blech mind. 24 Stunden beizen. Salz-Zucker-Mischung entfernen und den Lachs in ca. 2 cm große Würfel schneiden.
Beide Mehlsorten mischen, die Butter schmelzen. Die Milch erwärmen und die Hefe darin auflösen. Die Mehlmischung mit Butter, Hefemilch, Zucker, Ei und Eigelb zu einem glatten Teig verrühren. Diesen abgedeckt ca. 1 Stunde gehen lassen. Das Eiweiß mit dem Salz steif schlagen und vorsichtig unter den Teig ziehen. In einer Pfanne in Öl portionsweise 24 Küchlein von beiden Seiten braten.
Schmand, Zitronenabrieb und -saft verrühren, mit Salz und Pfeffer abschmecken. Je 1 Klecks Zitronenschmand und 1 Lachswürfel auf die Blini setzen. Mit je 1 Dillspitze garnieren.

CRAB CAKES | LIMETTE | DILL

250 g Alaska King Crab Meat
150 g Toastbrot
10 g Blattpetersilie
10 g Dill
2 Eier
1 EL grober Senf
1 grüne Zucchini
100 g Panko-Mehl
Pflanzenöl zum Braten
100 g Mayonnaise
Abrieb und Saft von 1 Bio-Limette

Das Crab Meat grob hacken. Das Toastbrot entrinden und würfeln. Petersilie und Dill hacken, dabei jeweils 24 Spitzen für die Garnitur beiseitelegen. Crab Meat, Brot, Eier, Senf und Kräuter zu einer sämigen Masse vermengen. Mit Salz und Pfeffer abschmecken. Aus der Masse 24 kleine Bällchen formen.
Die Zucchini mit der Aufschnittmaschine längs in dünne Scheiben schneiden. Die Bällchen damit umwickeln und jeweils mit 1 Spieß fixieren. Die Ober- und Unterseite in Panko wenden und die Crab Cakes in einer Pfanne in Öl von beiden Seiten goldgelb braten.
Die Mayonnaise mit Limettenabrieb und -saft abschmecken. Die Crab Cakes damit toppen und mit den Kräuterspitzen garnieren.

BUCHWEIZEN | NUSSBUTTER | KAVIAR

- 100 g Buchweizenmehl
- 50 g Weizenmehl
- 20 g Butter, geschmolzen
- 100 ml lauwarme Milch
- 10 g frische Hefe
- 1 Prise Zucker
- 1 Ei
- 1 Eigelb
- 1 Eiweiß
- ½ TL Salz
- Sonnenblumenöl zum Braten
- 150 g Butter
- 120 g Kaviar

Aus Mehl, geschmolzener Butter, Milch, Hefe, Zucker, Ei und Eigelb wie bei den Blini auf Seite 138 beschrieben einen Teig zubereiten und gehen lassen. Das Eiweiß mit dem Salz steif schlagen und vorsichtig unterziehen. In einer Pfanne in Öl portionsweise 24 Küchlein von beiden Seiten braten.

Die Butter in einem kleinen Topf bei kleiner Hitze unter ständigem Rühren köcheln lassen, bis sie bräunt und nussig duftet. Durch ein Haarsieb abgießen und im Kühlschrank auskühlen lassen. Danach wieder auf Raumtemperatur bringen und mit dem Schneebesen oder Handrührgerät schaumig rühren.

Die cremige Nussbutter mit einem Spritzbeutel auf die Küchlein dressieren. Mit Kaviar toppen.

BLÄTTERTEIG | LEBER-PÂTÉ | SAUTERNES

- 120 g Schalotten, in Streifen
- 1 Zweig Thymian
- 120 g kalte Butter
- 300 g Entenleber, geputzt
- 10 ml Zitronensaft
- 20 ml weißer Portwein
- 10 ml Ahornsirup
- 2 Blatt Gelatine
- 120 ml Sauternes
- 200 g Blätterteig
- 1 Eigelb
- 1 Schale Rote Johannisbeeren, abgezupft
- 24 Kerbelspitzen

Schalotten und Thymianzweig in etwas Butter glasig anschwitzen. Die Entenleber zugeben und braten, mit Salz und Pfeffer würzen. Zitronensaft zufügen, mit Portwein und Ahornsirup ablöschen. Den Thymian entfernen und alles im Mixer fein pürieren. Dabei nach und nach die restliche Butter einmixen. Die Masse abschmecken und kalt stellen.

Die Gelatine in kaltem Wasser einweichen. Den Sauternes in einem kleinen Topf auf ca. 80 °C erwärmen, die ausgedrückte Gelatine darin auflösen. Alles in eine mit Frischhaltefolie ausgelegte Form gießen, auskühlen und gelieren lassen. Danach 24 runde Geleeplatten (Ø 3 cm) ausstechen.

Den Blätterteig dünn ausrollen, mit einer Gabel mehrmals einstechen und 24 Taler (ca. 3 cm) ausstechen. Diese mit Eigelb bestreichen und im vorgeheizten Backofen bei 180 °C Umluft in 10–12 Minuten goldgelb backen.

Die Pâté mit einem Spritzbeutel auf die Blätterteig-Taler dressieren. Mit je 3 Johannisbeeren, 1 Kerbelspitze und 1 Geleeplatte toppen.

PASTINAKE | BOUDIN NOIR | ROSCOFF-ZWIEBEL

- 200 g Pastinaken
- 2 Macis-Blüten
- 30 ml Ahornsirup, plus mehr zum Braten
- Abrieb und Saft von 1 Bio-Orange
- 60 g kalte Butter
- 1 Roscoff-Zwiebel
- Pflanzenöl zum Braten
- 20 ml Apfel-Balsamico
- 300 g Boudin Noir (Blutwurst)
- Mehl zum Wenden
- 24 Majoranblätter

Die Pastinaken schälen und in grobe Stücke schneiden. Diese mit Salz, Macis, Ahornsirup, Orangenabrieb und -saft vakuumieren. Im Wasserbad bei 85 °C in ca. 1 Stunde sehr weich garen. Danach mit der Butter im Mixer sehr fein pürieren.

Die Zwiebel schälen und in Spalten schneiden. In etwas Öl farblos anschwitzen, salzen und mit etwas Ahornsirup bissfest garen. Mit dem Balsamico ablöschen und etwas reduzieren.

Die Wurst in Scheiben schneiden, bemehlen und in Öl von beiden Seiten goldgelb anbraten. Mit dem Pastinakenpüree toppen, mit je 1 Zwiebelspalte und 1 Majoranblatt garnieren.

AM SPIESS – FLEISCH & FISCH

AM SPIESS – FLEISCH & FISCH

Am Spieß – Fleisch & Fisch

– Ergibt je ca. 24 Stück –

KALBSRÜCKEN | PFLAUME | VADOUVAN

400 g Kalbsrücken
Pflanzenöl zum Braten
1 Zweig Rosmarin
1 Zweig Thymian
80 ml Pflaumensaft
40 ml Pflaumenessig
80 ml Ahornsirup
5 g Vadouvan (ind. Gewürzmischung, von Altes Gewürzamt)
2 Pflaumen, in Spalten
1 Schale Blutampfer

Den Kalbsrücken salzen. In einer Pfanne in Öl mit Rosmarin und Thymian anbraten. Dann im vorgeheizten Backofen bei 60 °C Umluft auf 56 °C Kerntemperatur garen. Danach abkühlen lassen und in 24 gleichmäßige Würfel schneiden.
Pflaumensaft, Essig und Ahornsirup aufkochen. Vadouvan zugeben und ca. 10 Minuten ziehen lassen. Dann passieren und den Sud zu einer sirupartigen Konsistenz reduzieren. Die Pflaumenspalten im Sirup glasieren und mit dem Kalbsrücken spießen. Mit Blutampfer garnieren.

ENTENBRUST | APFEL | VANILLE

400 g Entenbrust
Pflanzenöl zum Braten
1 säuerlicher Apfel
1 Schalotte, fein gewürfelt
Mark von 1 Vanilleschote
60 ml Ahornsirup
24 Kerbelspitzen

Die Entenbrust salzen. In einer Pfanne in Öl auf der Hautseite anbraten. Dann im vorgeheizten Backofen bei 65 °C Umluft auf 56 °C Kerntemperatur garen. Danach auskühlen lassen und in dünne Scheiben schneiden.
Den Apfel schälen, entkernen und würfeln. Apfel- und Schalottenwürfel in etwas Öl anschwitzen. Das Vanillemark zugeben, mit Ahornsirup ablöschen und chutneyartig einkochen lassen.
Das Apfel-Vanille-Chutney auf die Entenbrustscheiben streichen. Diese aufrollen, spießen und jeweils mit 1 Kerbelspitze garnieren.

RINDERFILET | TOMATE | KANDIERTE OLIVE

400 g Rinderfilet
Pflanzenöl zum Braten
2 Zweige Rosmarin
2 Zweige Thymian
12 Kirschtomaten
24 kandierte Oliven (von Antoniewicz)

Das Rinderfilet salzen, pfeffern und in einer Pfanne in Öl mit je 1 Zweig Rosmarin und Thymian rundum anbraten. Im vorgeheizten Backofen bei 65 °C Umluft auf 56 °C Kerntemperatur garen. Herausnehmen und schnell herunterkühlen.
Die Tomaten quer halbieren. Salzen, zuckern und mit übrigem Thymian und Rosmarin im Backofen bei 65 °C Umluft 3–4 Stunden trocknen.
Das Rinderfilet in Würfel schneiden. Mit je ½ getrockneten Tomate und 1 kandierten Olive spießen.

SALTIMBOCCA | KIKOK-HUHN | PINIENKERNE

- 400 g Hühnerbrust
- 80 g Sahne
- 2 Zweige Salbei
- 20 g Butter
- 30 g Pinienkerne
- 100 g Parmaschinken in Scheiben
- 60 g getrocknete Tomaten
- 60 g Frischkäse

Die Hühnerbrust parieren und die Innenfilets entfernen. Das Brustfleisch zwischen zwei Bögen Frischhaltefolie plattieren. Die Innenfilets mit der Sahne zu einer feinen Farce mixen, mit Salz und Pfeffer abschmecken. Den Salbei in feine Streifen schneiden, dabei 24 Spitzen für die Garnitur beiseitelegen. Die Salbeistreifen in der Butter leicht anbraten. Die Pinienkerne rösten und grob hacken, 48 Stücke für die Garnitur beiseitelegen. Salbeistreifen und gehackte Pinienkerne unter die Farce mischen.
Den Parmaschinken auf Frischhaltefolie ausbreiten und das plattierte Fleisch darauflegen. Die Farce daraufstreichen und alles mithilfe der Folie aufrollen. Die Rolle im Wasserbad bei 80 °C auf 65 °C Kerntemperatur pochieren.
Die Tomaten fein mixen, dann mit dem Frischkäse verrühren. Die Roulade in 24 Scheiben schneiden und spießen. Mit Frischkäsecreme, Pinienkernen und Salbeispitzen garnieren.

SCHWARZFEDERHUHN | SAUCE ROUILLE | MELANGE NOIR

- 400 g Brust vom Schwarzfederhuhn
- Olivenöl zum Braten
- 0,1 g Safranfäden
- 60 ml Geflügelbrühe
- 60 g Kartoffeln, gekocht
- 100 g Mayonnaise
- Piment d'Espelette
- Tomatenflocken
- Melange Noir
- 24 Kerbelspitzen

Die Hühnerbrust von der Haut nehmen, salzen und pfeffern. Im Wasserbad bei 80 °C auf 65 °C Kerntemperatur pochieren. Danach in Olivenöl von beiden Seiten goldgelb anbraten.
Den Safran in der Geflügelbrühe kurz aufkochen und ca. 5 Minuten ziehen lassen. Die Kartoffeln hineinpressen und mit dem Schneebesen glatt rühren. Mayonnaise und Safran-Kartoffel-Creme verrühren, mit Piment d'Espelette und Tomatenflocken abschmecken.
Das Huhn in Scheiben schneiden, mit der Sauce bestreichen, aufrollen und spießen. Mit Melange Noir und Kerbelspitzen toppen.

WACHTELBRUST | ORANGE | PISTAZIE

- 1 Orange
- Olivenöl
- 12 Wachtelbrüste
- 20 g Butter
- 40 g Orangenmarmelade
- 1 EL gehackte Pistazien

Die Orange dick schälen und die Filets mit einem Messer herauslösen. Die Orangenfilets in 24 Stücke schneiden und mit etwas Olivenöl marinieren.
Die Wachtelbrüste salzen und auf der Hautseite in Olivenöl knusprig anbraten. Kurz bevor sie gar sind, Butter und Marmelade zugeben und die Brüste darin glasieren. Die Wachtelbrüste halbieren und spießen. Mit je 1 Orangenfilet und Pistazien garnieren.

MAISPOULARDE | ERBSENPESTO | SOJALACK

- 400 g Maispoulardenbrust
- Olivenöl
- 100 g Zuckererbsen
- 20 g Parmesan, gerieben
- 20 g Pinienkerne
- 40 ml Ahornsirup
- 100 ml Sojasauce
- ½ Knoblauchzehe
- 1 Schale Erbsenkresse

Die Poulardenbrust von der Haut nehmen, salzen und pfeffern. Im Wasserbad bei 80 °C auf 65 °C Kerntemperatur pochieren. Danach in Olivenöl von beiden Seiten goldgelb anbraten.

Die Zuckererbsen blanchieren und abschrecken. Dann mit Parmesan, Pinienkernen und Olivenöl zu einem cremigen Pesto mixen. Ahornsirup, Sojasauce und Knoblauch zu einer sirupartigen Konsistenz reduzieren. Den Knoblauch entfernen.

Die Poulardenbrust in 24 Würfel schneiden und mit dem Sojalack überglänzen. Mit Erbsenpesto und Erbsenkresse garnieren und spießen.

ALASKA BLACK COD | GOCHUJANG | SESAM

- 50 g Gochujang-Paste
- 30 ml Limettensaft
- 50 g Zucker
- 30 g Fischsauce
- 8 g Pfeilwurzelstärke
- 400 g Alaska Black Cod (Kohlenfisch)
- 1 EL gerösteter schwarzer Sesam

Die Gochujang-Paste mit Limettensaft, Zucker, Fischsauce und Pfeilwurzelstärke aufkochen und auskühlen lassen.

Den Fisch in 24 Stücke portionieren, mit der Gochujang-Paste marinieren und im vorgeheizten Backofen bei 210 °C Umluft 4–5 Minuten garen. Danach mit dem gerösteten Sesam bestreuen und spießen.

CARABINERO | TOMATENPULVER | YUZU

- 100 g Tomaten
- 8 Carabineros
- Olivenöl zum Braten
- 100 g Mayonnaise
- 1 g Abrieb von 1 Bio-Yuzu
- 10 ml Yuzusaft

Die Tomaten vierteln, Stielansatz und die Kerne entfernen. Die Viertel leicht salzen und im vorgeheizten Backofen bei 70 °C Umluft durchtrocknen lassen. Danach zu feinem Pulver mixen.

Die Carabineros schälen und den Darm entfernen. Dann salzen und in Olivenöl von jeder Seite 1–2 Minuten anbraten. Die Mayonnaise mit Yuzuabrieb und -saft abschmecken.

Die Carabineros dritteln und spießen. Mit der Yuzu-Mayonnaise toppen und mit Tomatenpulver garnieren.

PULPO | MANGO | GRÜNER PFEFFER

400 g Pulpo
3 Lorbeerblätter
1 TL Pimentkörner
100 ml Ketjap Manis
1 Mango
40 g grüner Pfeffer
1 Schale Szechuan-Kresse

Den Pulpo in gut gesalzenem Wasser mit Lorbeer und Piment weich kochen. Dann auskühlen lassen und in 24 mundgerechte Stücke schneiden. Diese scharf angrillen und mit Ketjap Manis glasieren.
Die Mango schälen und das Fruchtfleisch in 24 gleichmäßige Würfel schneiden. Den Pfeffer grob mörsern und die Mangowürfel damit marinieren. Die Mangowürfel auf den Pulpo spießen und mit Szechuan-Kresse garnieren.

GEBEIZTER THUNFISCH | SÜSSKARTOFFEL | PASSIONSFRUCHT

2 Tage vorher
450 ml salzarme Sojasauce
150 ml Passionsfruchtsaft
120 g Roh-Rohrzucker
60 g Salz
1 Stängel Zitronengras
1 EL Ingwerscheiben
250 g Thunfischfilet

----

1 Süßkartoffel
50 g Nussbutter
1 Passionsfrucht, Kerne ausgelöst

Sojasauce, Passionsfruchtsaft, Zucker und Salz erwärmen, bis beides sich aufgelöst hat. Zitronengras und Ingwer zugeben. Das Thunfischfilet in den Sud legen und 2 Tage darin ziehen lassen.
Die Süßkartoffel in der Schale im vorgeheizten Backofen bei 160 °C Umluft ca. 30 Minuten garen. Danach halbieren und das Fruchtfleisch herausschaben. Mit der Nussbutter cremig mixen.
Den Thunfisch in 24 Würfel schneiden und spießen. Mit der Süßkartoffelcreme toppen und mit Passionsfruchtkernen garnieren.

ALASKA KING SALMON | LILA KARTOFFEL | ESTRAGON

Mind. 24 Stunden vorher
250 g Alaska King Lachs
15 g Salz, 10 g Zucker

---

400 g lila Kartoffeln
Olivenöl
100 g Mayonnaise
1 TL gemahlene Kurkuma
Saft von 1 Zitrone
24 Estragonspitzen

Den Lachs mit der Salz-Zucker-Mischung bestreuen und auf einem (Loch-) Blech mind. 24 Stunden beizen. Salz-Zucker-Mischung entfernen und den Lachs in 24 Würfel schneiden.
Die Kartoffeln in gut gesalzenem Wasser garen. Dann pellen und auskühlen lassen. Die Kartoffeln zuerst in 48 Scheiben (1 cm dick) schneiden, dann rund (Ø 2,5 cm) ausstechen. Mit etwas Olivenöl marinieren. Mayonnaise und Kurkuma verrühren, mit Zitronensaft abschmecken.
Die Lachswürfel jeweils zwischen 2 Kartoffelkreise legen und spießen. Mit der Kurkumamayonnaise toppen und mit 1 Estragonspitze garnieren.

SCHWARZFEDERHUHN | MANGOLD | SAFRAN

400 g Brust vom Schwarzfederhuhn
100 g Sahne
0,1 g Safranfäden
geriebene Muskatnuss
6 große Mangoldblätter, blanchiert
100 g Mayonnaise
Abrieb und Saft von 1 Bio-Zitrone
1 Stängel Estragon, abgezupft

Die Hühnerbrust von der Haut nehmen und die Innenfilets entfernen. Das Brustfleisch zwischen zwei Bögen Frischhaltefolie plattieren. Sahne und Safran aufkochen, salzen und pfeffern und gut durchkühlen lassen. Die Innenfilets mit der Safransahne zu einer Farce mixen. Mit Salz, Pfeffer und Muskatnuss abschmecken.
Je 2 Mangoldblätter auf Frischhaltefolie auslegen und das plattierte Fleisch darauflegen. Dünn mit Safranfarce bestreichen und mithilfe der Folie aufrollen. Die Rollen im Wasserbad bei 80 °C auf 65 °C Kerntemperatur pochieren. Die Mayonnaise mit Zitronenabrieb und -saft abschmecken. Die Rollen jeweils in 8 Stücke schneiden. Mit Zitronenmayonnaise toppen, mit Estragon garnieren und spießen.

RIESENGARNELE | ERDNUSS | KIRSCHE

24 Riesengarnelen 16/20, geschält
Olivenöl
1 Zweig Thymian
1 Zweig Rosmarin
6 Kirschen
1 TL Chiliflocken
Satésauce (von Kirberg)

Jede Garnele mit einem Zahnstocher so fixieren, dass sie einen Kreis bildet. Die Garnelen in Olivenöl von beiden Seiten goldgelb anbraten. Kurz vor Ende der Garzeit Thymian und Rosmarin in die Pfanne geben.
Die Kirschen entsteinen und vierteln. Mit etwas Olivenöl und Chiliflocken marinieren. Die Garnelen spießen. Mit je 1 Tupfen Satésauce und 1 Kirschviertel toppen.

LAMMRÜCKEN | TERIYAKISAUCE | GEGRILLTE PFLAUME

400 g Lammrücken
Pflanzenöl zum Braten
100 ml Teriyakisauce
3 Pflaumen

Den Lammrücken salzen und pfeffern. In einer Pfanne in Pflanzenöl anbraten, dann im Backofen bei 65 °C Umluft auf 56 °C Kerntemperatur rosa garen. Herausnehmen und auskühlen lassen. Die Teriyakisauce etwas reduzieren. Die Pflaume in 24 Spalten schneiden und grillen.
Den Lammrücken in 24 Scheiben schneiden. Mit je 1 Pflaumenspalte spießen und mit Teriyakisauce garnieren.

AM SPIESS – GEMÜSE & CO.

Am Spieß – Gemüse & Co.

– Ergibt je ca. 24 Stück –

ZUCCHINI | PAPRIKA | ORANGE

1 grüne Zucchini
1 gelbe Zucchini
Olivenöl
Abrieb von 1 Bio-Orange
1 rote Paprika

Die Zucchini in dünne Scheiben schneiden. Salzen und mit Olivenöl und Orangenabrieb marinieren. Die Paprika vierteln und die Kerne entfernen. Mit Salz, Pfeffer, Zucker und Olivenöl marinieren und mit der Hautseite nach oben auf ein Backblech legen. Im vorgeheizten Backofen bei 170 °C 15–20 Minuten garen. Danach sofort ca. 15 Minuten in ein Gefäß mit Deckel geben, damit der Dampf nicht entweicht. Die Paprika mit einem kleinen Messer häuten und rund (Ø 1 cm) ausstechen.
Die Zucchinischeiben farblich abwechselnd aufeinanderlegen. Zuschneiden, in Form bringen und mit je 1 Paprikastück auf Spieße stecken.

WASSERMELONE | SALZMANDEL | SZECHUAN-PFEFFER

1 kleine Wassermelone
Olivenöl
24 Salzmandeln
1 EL Szechuan-Pfeffer

Die Wassermelone schälen und das Fruchtfleisch in 2 cm dicke Scheiben schneiden. Mit etwas Olivenöl marinieren und vakuumieren. Die Melonenscheiben danach abtropfen lassen und in 24 Würfel schneiden. Jeweils mit 1 Salzmandel und etwas Szechuan-Pfeffer toppen und spießen.

KRÄUTERSEITLING | SOJASAUCE | PETERSILIENGEL

3–4 Kräuterseitlinge
60 ml Sojasauce
50 g Blattpetersilie
200 ml Wasser
1 g Agar-Agar
0,2 g Gellan

Die Kräuterseitlinge in 3 mm dicke Scheiben schneiden. Mit der Sojasauce vakuumieren und im Wasserbad bei ca. 85 °C 20 Minuten garen.
Von der Petersilie 24 Spitzen für die Garnitur abzupfen. Die übrige Petersilie mit Wasser und etwas Salz im Mixer sehr fein pürieren und passieren. 100 ml Petersilienwasser mit Agar-Agar und Gellan aufkochen, dann schnell auskühlen und gelieren lassen. Das Gelee im Mixer cremig aufmixen.
Die Pilzscheiben aufrollen und spießen. Mit dem Petersiliengel und je 1 Petersilienspitze garnieren.

KICHERERBSE | BLUMENKOHL | SAFRAN

1 Schalotte
Olivenöl
0,1 g Safranfäden
20 ml Weißwein
150 ml Gemüsebrühe
1 Blumenkohl, in Röschen
150 g Kichererbsen
1 Schale Petersilienkresse
24 Jasminblüten

Die Schalotte schälen, in feine Streifen schneiden und in Olivenöl anschwitzen. Den Safran zugeben, mit dem Weißwein ablöschen und etwas reduzieren. Mit der Gemüsebrühe auffüllen, mit Salz und Pfeffer abschmecken und den Sud passieren.
Die Blumenkohlröschen in Scheiben schneiden und mit dem Safransud vakuumieren. Im Wasserbad bei 85 °C ca. 30 Minuten garen. Den Safransud danach reduzieren und mit den Kichererbsen cremig mixen.
Die Blumenkohlscheiben spießen, mit der Kichererbsencreme toppen und mit Petersilienkresse und je einer Jasminblüte garnieren.

ROMANESCO | KARTOFFEL | EHRENPREIS

- 2 große vorwiegend festkochende Kartoffeln
- 1 EL Kümmelsamen
- 1 Romanesco
- Olivenöl
- 100 g Mayonnaise
- Saft von 1 Zitrone
- 24 Ehrenpreisblüten

Die Kartoffeln in 24 Scheiben (ca. 1 cm dick) schneiden und rund ausstechen. In gesalzenem Wasser mit der Hälfte vom Kümmel kochen. Den übrigen Kümmel grob mörsern. Den Romanesco in Röschen schneiden und in gut gesalzenem Wasser blanchieren. Mit Olivenöl, Salz und etwas Pfeffer marinieren.

Die Mayonnaise mit gemörsertem Kümmel und Zitronensaft abschmecken. Auf jede Kartoffelscheibe 1 Romanescoröschen spießen. Mit der Kümmelmayonnaise und 1 Blüte garnieren.

OFENTOMATE | GRÜNER SPARGEL | SCHWARZER KNOBLAUCH

- 6 Flaschentomaten
- Olivenöl
- 24 grüne Spargelspitzen
- 10 g schwarzer Knoblauch

Die Tomaten blanchieren und häuten. Dann vierteln und die Kerne entfernen. Die Tomatenviertel auf einem Backblech mit Olivenöl, Salz und Zucker marinieren und im vorgeheizten Backofen bei 65 °C Umluft 4–6 Stunden trocknen.

Die Spargelspitzen blanchieren. Den schwarzen Knoblauch zu einer feinen Paste mixen. Jede Spargelspitze mit 1 confierten Tomate umwickeln und spießen. Mit der Knoblauchcreme garnieren.

GAZPACHOGEMÜSE | BASILIKUM | OLIVE

- 1 rote Paprika
- 1 gelbe Paprika
- Olivenöl
- 100 g passierte Tomaten (Dose)
- 40 g Brot, geröstet
- 2 Stängel Basilikum
- 1 Salatgurke
- 6 Nizza-Oliven, geviertelt

Die Paprika vierteln und die Kerne entfernen. Mit Salz, Pfeffer, Zucker und Olivenöl marinieren und mit der Hautseite nach oben auf ein Backblech legen. Im vorgeheizten Backofen bei 170 °C Umluft 15–20 Minuten garen. Danach sofort ca. 15 Minuten in ein Gefäß mit Deckel geben, damit der Dampf nicht entweicht. Die Paprika mit einem kleinen Messer häuten und in zwei Größen (Ø 3 cm und 2 cm) rund ausstechen. Die Abschnitte mit passierten Tomaten und geröstetem Brot fein mixen. Weitermixen und dabei so viel Olivenöl in einem dünnen Faden einlaufen lassen, bis eine mayonnaiseartige Konsistenz entsteht.

Das Basilikum mit Olivenöl fein mixen und passieren. Die Gurke schälen, halbieren und die Kerne herausschaben. Das Fruchtfleisch rund (Ø 1 cm) ausstechen. Salzen und mit dem Basilikumöl vakuumieren.

Rote und gelbe Paprika spießen. Mit Gemüsecreme, je 1 Gurke und 1 Olivenviertel toppen.

CHEDDAR | GELBE KAROTTE | ORANGE

2 gelbe Karotten
Olivenöl
Abrieb und Saft von 1 Bio-Orange
100 g Cheddar in 1 mm dicken Scheiben
1 EL Ahornflakes
1 Schale Kapuzinerkresse

Die Karotten längs in ca. 2 mm dicke Scheiben schneiden, salzen und zuckern. Mit Olivenöl, Orangenabrieb und -saft vakuumieren und im Wasserbad bei 85 °C ca. 30 Minuten garen.
Die Scheiben danach auf ein mit Backpapier belegtes Backblech legen. Die Cheddarscheiben darauflegen und im vorgeheizten Backofen bei ca. 90 °C Umluft in 3–4 Minuten leicht anschmelzen lassen. Die Karottenscheiben warm aufrollen und spießen. Mit Ahornflakes toppen und mit Kapuzinerkresse garnieren.

SELLERIE | TRÜFFEL | HASELNUSS

1 große Sellerieknolle
100 g Nussbutter
50 g Haselnusskerne
100 g schwarzer Trüffel
Haselnussöl

Den Sellerie waschen und ungeschält im vorgeheizten Backofen bei 180 °C Umluft ca. 3 Stunden garen. Die Knolle danach schälen, in ca. 1,5 cm dicke Scheiben schneiden und rund (Ø 3 cm) ausstechen. Die Sellerieabschnitte mit Nussbutter und Haselnüssen zu einer feinen Creme mixen. Den Trüffel in ca. 2 mm dicke Scheiben schneiden und rund (Ø 2 cm) ausstechen.
Die Haselnusscreme mit einem Spritzbeutel auf die Selleriescheiben dressieren. Je 1 Trüffelscheibe darauflegen, spießen und mit einigen Tropfen Haselnussöl toppen.

GLÄSER & LÖFFEL

Gläser & Löffel

– Ergibt je ca. 12 Gläser und ca. 24 Löffel –

GLÄSER

GURKENSHOT | KRÄUTERBOUQUET | KAMILLE

2 Salatgurken
3 Stängel Dill
1 Stängel Blattpetersilie
Saft von 1 Zitrone
200 ml Kamillentee
300 g Joghurt
12 Schnittlauchspitzen

Von 1 Gurke mit der Aufschnittmaschine längs 6 dünne Streifen abschneiden. Dafür jeweils den Rand rechts und links bis zum Kerngehäuse abschneiden. Die Streifen salzen. Die zweite Gurke schälen. Jeweils 12 Dill- und Petersilienspitzen für die Garnitur beiseitelegen. Die geschälte Gurke mit übrigem Dill, Petersilie, Zitronensaft, Tee und Joghurt im Mixer sehr fein mixen. Durch ein Haarsieb passieren, mit Salz, Pfeffer und etwas Zucker abschmecken.
Die Gurkenstreifen schneckenförmig aufrollen, spießen und mit je 2 Kräuterspitzen garnieren. Den Gurken-Shot in 12 Gläsern anrichten und je 1 Spieß darauflegen.

AJO BLANCO | WEINTRAUBEN | KAFFEEÖL

200 g geschälte Mandeln
6 g junger Knoblauch
400 g Wasser
600 g Sherryessig
100 g Olivenöl
40 g Röstbrot
40 ml Ahornsirup
18 blaue Trauben (kernlos)
40 ml Kaffeeöl (von Antoniewicz)

Die Mandeln über Nacht in kaltem Wasser einweichen. Danach abgießen und mit Knoblauch, Wasser, Sherryessig, Olivenöl, Röstbrot und Ahornsirup sehr fein mixen. Mit Salz abschmecken und evtl. mit etwas Wasser auf die gewünschte Konsistenz bringen.
Die Trauben halbieren und jeweils 3 Hälften auf 1 Spieß stecken. Die Ajo Blanco in 12 Gläsern anrichten, mit Kaffeeöl beträufeln und je 1 Traubenspieß auflegen.

HUMMER | TOMATE | VANILLE

1 rote Zwiebel
Olivenöl
1,5 kg Tomaten
40 ml Weißwein
500 g passierte Tomaten (Dose)
40 ml Ahornsirup
1 Vanilleschote, ausgeschabte Schote und Mark
200 g Crème fraîche
2 Hummerschwänze (High Pressure), ausgelöst
2 Zweige Thymian
40 g geklärte Butter
Cayennepfeffer
1 Schale Basilikumkresse

Die Zwiebel schälen, in feine Streifen schneiden und in Olivenöl glasig anschwitzen. Die Tomaten vierteln und den Stielansatz entfernen. Die Viertel grob würfeln und zu den Zwiebeln geben. Salzen, mit Weißwein ablöschen und kurz reduzieren. Dann passierte Tomaten, Ahornsirup und ausgeschabte Vanilleschote zugeben und ca. 30 Minuten köcheln lassen. Die Vanilleschote entfernen und alles im Mixer fein pürieren, eventuell zusätzlich passieren. Crème fraîche und Vanillemark zugeben und glatt rühren. Die Suppe mit Salz, Ahornsirup und Olivenöl abschmecken und auskühlen lassen.
Die Hummerschwänze 30–40 Sekunden blanchieren und abschrecken. Dann mit dem Thymian in der geklärten Butter rundum anbraten, sodass sie noch leicht glasig sind.
Die kalte Suppe in 12 Gläsern anrichten. Die Hummerschwänze jeweils in 6 Tranchen schneiden und spießen. Mit etwas Cayennepfeffer bestreuen, mit Basilikumkresse garnieren und auf die Gläser legen.

VICHYSSOISE | LAUCHÖL | ROGGENKNUSPER

1 Schalotte
1 Stange Lauch
40 g Butter
300 g mehligkochende Kartoffeln
geriebene Muskatnuss
1 Lorbeerblatt
1 Stängel Majoran
60 ml Weißwein
200 ml Gemüsebrühe
200 ml Milch
200 g Crème fraîche
100 ml Sonnenblumenöl
100 g Roggenbrot
Olivenöl

Die Schalotte schälen. Mit dem weißen Teil vom Lauch in feine Steifen schneiden und in der Butter glasig schwitzen. Die Kartoffeln schälen, grob würfeln und mitschwitzen. Mit Salz und Muskatnuss würzen. Lorbeerblatt und Majoran zugeben, mit Weißwein ablöschen und kurz reduzieren. Die Gemüsebrühe zugießen und die Kartoffeln weich kochen. Die Milch zugießen, aufkochen und passieren. Lorbeerblatt entfernen und die Kartoffeln unter langsamer Zugabe von Sud und Crème fraîche im Mixer fein pürieren. Mit Salz und Muskatnuss abschmecken und auskühlen lassen.
Das Lauchgrün in stark gesalzenem Wasser blanchieren, abschrecken und trocken tupfen. Dann mit dem Sonnenblumenöl sehr fein mixen, 10 Minuten ruhen lassen und durch ein Tuch passieren. Das Roggenbrot in dünne Scheiben schneiden, mit Olivenöl bestreichen und im vorgeheizten Backofen bei 140 °C Umluft in ca. 15 Minuten trocken rösten.
Die kalte Suppe in 12 Gläsern anrichten. Mit dem Lauchöl beträufeln und je 1 Brotchip auflegen.

KOPFSALAT | GRÜNE PAPRIKA | FOCACCIA

2 grüne Paprika
2 Salatgurken
1 Schalotte
1 grüne Peperoni
Olivenöl
300 g Kopfsalat
10 g Basilikum
100 g Focaccia
4 Kirschtomaten

Paprika putzen, Gurken und Schalotte schälen. Alles mit der Peperoni in grobe Würfel schneiden. Die Würfel mit Salz, Zucker und Olivenöl marinieren und 15 Minuten ziehen lassen. Die Gemüsewürfel danach mit Kopfsalat und Basilikum im Mixer sehr fein pürieren. Durch ein Haarsieb passieren, mit Salz, Zucker, Pfeffer und Olivenöl abschmecken und kühlen.
Die Focaccia in dünne Scheiben schneiden, mit Olivenöl bestreichen und im vorgeheizten Backofen bei 140 °C Umluft in ca. 15 Minuten trocken rösten.
Die Tomaten in Scheiben schneiden, salzen und pfeffern. Je 1 Scheibe auf die Focacciachips legen. Die kalte Suppe in 12 Gläsern anrichten und je 1 Focacciachip auflegen.

LÖFFEL

GRÜNKOHL | MANGO | KAVIAR

300 g junger Grünkohl (Kale)
1 TL mildes Currypulver
Olivenöl
1 Mango
120 g Kaviar

Den Grünkohl mit dem Currypulver in einer Pfanne in etwas Olivenöl ganz kurz anschwitzen. Salzen und schnell herunterkühlen. Die Mango schälen und das Fruchtfleisch in 24 gleichmäßige Spalten schneiden.
Den Grünkohl mit den Mangospalten auf 24 Löffeln anrichten. Mit dem Kaviar toppen.

ZUCCHINIBLÜTE | PARMIGIANO | SÜSSE SCHALOTTEN

50 g Mehl
50 g Speisestärke
1 Eigelb
125 ml kaltes Wasser
2 Zucchiniblüten
Pflanzenöl zum Frittieren
100 g Schalotten
20 ml Olivenöl
100 g Roh-Rohrzucker
50 ml Apfelessig
120 g Parmesan (72 Monate gereift)

Mehl und Speisestärke sieben. Eigelb und Wasser verquirlen, nach und nach zur Mehlmischung geben und alles zu einem glatten Tempurateig rühren. Diesen leicht salzen. Die Zucchiniblüten vom Blütenstempel befreien, durch den Teig ziehen und in Pflanzenöl goldgelb frittieren. Salzen.
Die Schalotten schälen und längs in Streifen schneiden. Im Olivenöl anschwitzen und salzen. Dann den Zucker zugeben und leicht karamellisieren lassen. Mit dem Essig ablöschen und zu einer chutneyartigen Konsistenz reduzieren.
Den Parmesan grob zerbröseln und auf 24 Löffeln verteilen. Die süßen Schalotten dazu anrichten und mit je 1 Stück frittierter Zucchiniblüte toppen.

CROCCHÈ DI PATATE | GORGONZOLA DOLCE | FEIGE

400 g große vorwiegend festkochende Kartoffeln
4 Eigelb
50 g Parmesan, gerieben
geriebene Muskatnuss
Kartoffelstärke oder Mehl zum Binden
100 g Panko-Mehl
Pflanzenöl zum Frittieren
180 g Gorgonzola piccante
2 frische Feigen
Olivenöl

Die Kartoffeln im vorgeheizten Backofen bei 180 °C Umluft in ca. 1 Stunde sehr weich garen. Danach schälen und mit 2 Eigelben und Parmesan vermischen. Mit Salz und Muskatnuss abschmecken und die Masse bei Bedarf mit etwas Kartoffelstärke binden. Aus der Kartoffelmasse 24 kleine Kugeln formen und jeweils eine Mulde hineindrücken. Die übrigen 2 Eigelbe mit 1 EL Wasser verquirlen. Die Crocchè vorsichtig darin wenden, in Panko panieren und in Pflanzenöl goldgelb frittieren.
Den Gorgonzola in 24 Würfel schneiden. Die Feigen in 24 Spalten schneiden und mit etwas Olivenöl marinieren. Jeweils 1 Gorgonzolawürfel in die Mulde der Crocchè platzieren, 1 Feigenspalte daraufsetzen und auf 24 Löffeln servieren.

KERBELWURZEL | HEFESCHAUM | RAUCHPAPRIKA

- 6 Kerbelwurzeln
- 40 ml Ahornsaft
- 10 g Ahornzucker
- Olivenöl
- 220 ml Milch
- 2,5 g Agar-Agar
- 1,5 g Iota
- 1 Eiweiß
- 10 ml Ahornsirup
- 150 g Nussbutter
- 40 g geröstete Hefe
- Pimentón de la vera dulce
- 24 Kerbelspitzen

Die Kerbelwurzeln reinigen und in gut gesalzenem Wasser bissfest garen. Auskühlen lassen und achteln. Dann im Ahornsaft mit Ahornzucker und etwas Olivenöl glasieren, mit Salz abschmecken.

Die Milch mit Agar-Agar und Iota aufkochen und auf 80 °C abkühlen lassen. Eiweiß, Ahornsirup, Nussbutter und Hefe zugeben und fein mixen. Die Hefemilch passieren, in eine Espuma-Flasche füllen und eine Stickstoffkapsel aufschrauben.

Die Kerbelwurzeln auf 24 Löffeln anrichten und den Hefeschaum aufdressieren. Mit Pimentón de la vera bestreuen und mit 1 Kerbelspitze garnieren.

SÜSSES

CAKE POPS

SCHOKOLADE › S. 167

ZITRONE › S. 167

HASELNUSS › S. 167

MELLOW CAKES

SPEKULATIUS › S. 169

KARDAMOM › S. 169

VANILLE › S. 169

FRUCHTSPIESSE

MELONE | APRIKOSE | BROMBEERE › S. 170

PFIRSICH | ESTRAGON › S. 170

ANANAS | MUSKAT-NUSS › S. 170

MANGO | SUMACH › S. 170

HIMBEERE | APFEL | OLIVENÖL › S. 170

SCHOKO-BRUCH

SALZMANDEL › S. 173

ROSA PFEFFER | LAVENDEL › S. 173

PISTAZIE › S. 173

HASELNUSS | WEINBEERE › S. 173

FRUCHTGELEES

QUITTE › S. 176

CASSIS › S. 177

YUZU › S. 177

HIMBEERE › S. 177

ORANGE › S. 177

PRALINEN IM GLAS

FLEUR DE SEL | FISHERMAN'S FRIEND › S. 179

MARACUJA | SESAM › S. 179

ERDNUSS | SALZKARAMELL › S. 179

PETITS FOURS

SCHOKOLADE › S. 181

KOKOS › S. 181

SANDDORN › S. 181

ICE POPSICLES

ERDBEERE › S. 182

LIMETTE › S. 182

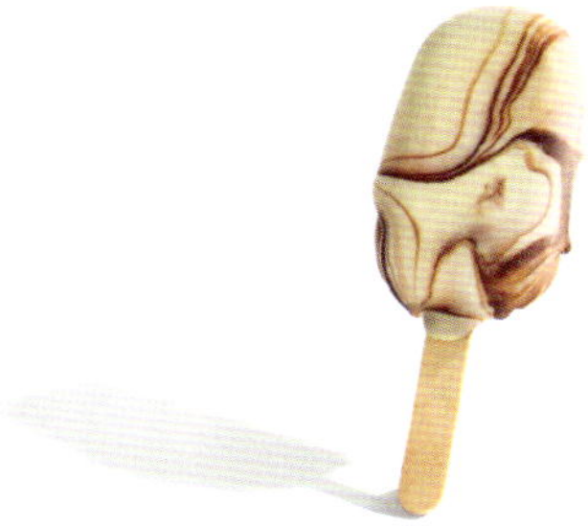

KAKAO › S. 182

BASISREZEPT KUCHEN

– Ergibt 1 Kuchen –

200 g Roh-Rohrzucker
250 g weiche Butter
4 Eier
Mark von 1 Vanilleschote
1 Prise Salz
250 g Mehl
1 TL Backpulver

Zucker und Butter mit der Küchenmaschine auf höchster Stufe in 5 Minuten schaumig schlagen. Die Eier nach und nach auf niedrigerer Stufe einrühren. Vanillemark, Salz, Mehl und Backpulver zugeben und vermischen. Den Teig in eine gebutterte und bemehlte Kastenform (25 cm lang) füllen und im vorgeheizten Backofen bei 180 °C Ober-/Unterhitze ca. 45 Minuten backen. Den Kuchen danach auskühlen lassen und fein zerbröseln.

Cake Pops

– Ergibt je ca. 40 Stück –

CAKE-POP-MASSE

75 g Butter
125 g Doppelrahm-Frischkäse
150 g Puderzucker

Alle Zutaten mit dem Rührgerät cremig verrühren. Den zerbröselten Kuchen aus dem Basisrezept unterkneten. Aus der Masse ca. 40 Kugeln formen, auf Stäbchen spießen und kühlen.

SCHOKOLADE

200 g dunkle Kuvertüre
10 g Kakaobutter
60 g weiße Schokoladenspäne

Die Kuvertüre mit der Kakaobutter im Wasserbad temperieren. Die Cake Pops 1–2 cm tief in die Glasur tauchen und kurz anziehen lassen. Dann nochmals in die Glasur tauchen und mit den Schokospänen bestreuen. Die fertigen Cake-Pops in eine Halterung stecken und fest werden lassen.

ZITRONE

200 g weiße Kuvertüre
10 g Kakaobutter
kandierte Zitronenzesten

Bei dieser Variante beim Basisrezept Kuchen noch Abrieb und Saft von 1 Bio-Zitrone zum Teig geben.

Die Kuvertüre mit der Kakaobutter im Wasserbad temperieren. Die Cake Pops 1–2 cm tief in die Glasur tauchen und kurz anziehen lassen. Dann nochmals in die Glasur tauchen und mit den kandierten Zesten dekorieren. Die fertigen Cake Pops in eine Halterung stecken und fest werden lassen.

HASELNUSS

200 g Milchkuvertüre
10 g Kakaobutter
60 g Haselnusskerne, geröstet und grob gehackt

Die Kuvertüre mit der Kakaobutter im Wasserbad temperieren. Die Cake Pops 1–2 cm tief in die Glasur tauchen und kurz anziehen lassen. Dann nochmals in die Glasur tauchen und mit den Haselnüssen bestreuen. Die fertigen Cake Pops in eine Halterung stecken und fest werden lassen.

BASISREZEPT KEKSBÖDEN

– Ergibt ca. 50 Stück –

125 g Butter
125 g Zucker
1 Ei
250 g Mehl
1 Prise Salz

Alle Zutaten zu einem Teig verkneten. Diesen abgedeckt im Kühlschrank ca. 1 Stunde ruhen lassen. Den Teig danach ausrollen und 50 Kreise (Ø ca. 3 cm) ausstechen. Die Keksböden auf mit Backpapier belegten Backblechen verteilen, mit einer Gabel einstechen und im vorgeheizten Backofen bei 180 °C Umluft ca. 12 Minuten backen. Danach auskühlen lassen.

Mellow Cakes

– Ergibt je ca. 50 Stück –

SPEKULATIUS

2 Eiweiß
40 g Glukosesirup
80 g Zucker
30 ml Wasser
2 Blatt Gelatine
5 g Spekulatiusgewürz, plus mehr zum Bestreuen
200 g dunkle Kuvertüre

Die Eiweiße in der Küchenmaschine schaumig schlagen. Inzwischen Glukosesirup, Zucker und Wasser zu einem Sirup kochen und auf 118 °C erhitzen. Den Sirup langsam zum Eiweiß gießen und alles ca. 5 Minuten weiterschlagen. Die Gelatine in kaltem Wasser einweichen. Ausdrücken und im Wasserbad erwärmen, bis sie sich auflöst. 3–4 EL Eischnee zur flüssigen Gelatine geben und verrühren. Die Gelatinemischung dann unter den restlichen Eischnee heben, dabei das Spekulatiusgewürz mit einrühren. Die Baisermasse in einen Spritzbeutel füllen und auf die gebackenen Keksböden dressieren.
Inzwischen die Kuvertüre im Wasserbad temperieren. Die Mellow Cakes in die Glasur tauchen und auf einem Gitter abtropfen lassen. Vor dem Festwerden mit Spekulatiusgewürz bestreuen.

KARDAMOM

2 Eiweiß
40 g Glukosesirup
80 g Zucker
30 ml Wasser
2 Blatt Gelatine
5 g gemahlener Kardamom, plus mehr zum Bestreuen
Abrieb von 1 Bio-Zitrone
200 g Milchkuvertüre

Aus Eiweiß, Glukosesirup, Zucker, Wasser und Gelatine wie im vorhergehenden Rezept beschrieben eine Baisermasse zubereiten. Kardamom und Zitronenabrieb einrühren. Die Baisermasse in einen Spritzbeutel füllen und auf die gebackenen Keksböden dressieren.
Inzwischen die Kuvertüre im Wasserbad temperieren. Die Mellow Cakes in die Glasur tauchen und auf einem Gitter abtropfen lassen. Vor dem Festwerden mit Kardamom und Zitronenabrieb bestreuen.

VANILLE

2 Eiweiß
40 g Glukosesirup
80 g Zucker
30 ml Wasser
2 Blatt Gelatine
Mark von 1 Vanilleschote
200 g weiße Kuvertüre
1 EL gefriergetrocknete Himbeeren, zerbröselt

Aus Eiweiß, Glukosesirup, Zucker, Wasser und Gelatine wie im vorhergehenden Rezept beschrieben eine Baisermasse zubereiten. Das Vanillemark einrühren. Die Baisermasse in einen Spritzbeutel füllen und auf die gebackenen Keksböden dressieren.
Inzwischen die Kuvertüre im Wasserbad temperieren. Die Mellow Cakes in die Glasur tauchen und auf einem Gitter abtropfen lassen. Vor dem Festwerden mit Himbeerbröseln bestreuen.

Fruchtspieße

– Ergibt je 32–36 Stück –

MELONE | APRIKOSE | BROMBEERE

1 kleine Cantaloup-Melone
6 Aprikosen
2 EL Ahornsirup
36 Brombeeren

Die Melone halbieren und die Kerne herausschaben. Aus dem Fruchtfleisch mit einem Kugelausstecher 36 Kugeln ausstechen. Die Aprikosen waschen, halbieren und entsteinen. Jede Hälfte in 3 gleichmäßige Spalten schneiden. Alle Früchte mit dem Ahornsirup marinieren. Je 1 Brombeere, 1 Aprikosenspalte und 1 Melonenkugel auf Spieße stecken.

PFIRSICH | ESTRAGON

4 große Pfirsiche
Saft von 1 Zitrone
2 Stängel Estragon, grob geschnitten

Die Pfirsiche an der Unterseite kreuzförmig einritzen. Ca. 1 Minute blanchieren und eiskalt abschrecken. Die Früchte dann häuten, halbieren und entsteinen. Jede Hälfte in 8 gleichmäßige Stücke schneiden. Diese mit Zitronensaft und Estragon marinieren Jeweils 2 Stücke auf 1 Spieß stecken.

ANANAS | MUSKATNUSS

1 Ananas
40 ml Ahornsirup
geriebene Muskatnuss

Die Ananas schälen, vierteln und den harten Strunk entfernen. Jedes Viertel in 16 Stücke schneiden. Diese mit Ahornsirup und Muskatnuss marinieren. Jeweils 2 Stücke auf 1 Spieß stecken.

MANGO | SUMACH

4 Mangos
20 g Sumach

Die Mangos schälen und das Fruchtfleisch als Hälften flach vom Stein schneiden. Jede Hälfte in 8 schöne Würfel schneiden und mit dem Sumach würzen. Jeweils 2 Stücke auf 1 Spieß stecken.

HIMBEERE | APFEL | OLIVENÖL

2 säuerliche Äpfel
Saft von 1 Zitrone
20 ml Olivenöl
1 EL Chiliflocken
32 Himbeeren

Die Äpfel schälen, vierteln und entkernen. Jedes Viertel in 4 gleichmäßige Stücke schneiden. Die Stücke zuerst mit Zitronensaft, dann mit Olivenöl und Chiliflocken marinieren. Die Himbeeren vorsichtig unterheben und ebenfalls leicht marinieren. Je 1 Apfelstück und 1 Himbeere auf 1 Spieß stecken.

Schoko-Bruch

– Ergibt je 15–20 Stücke –

SALZMANDEL

100 g Mandeln
100 g weiße Kuvertüre
100 g dunkle Kuvertüre
100 g Milchkuvertüre
5 g Fleur de Sel

Die Mandeln in einer Pfanne bei mittlerer Hitze ca. 5 Minuten rösten. Leicht salzen, dann sehr grob hacken.
Die Kuvertüresorten getrennt im Wasserbad temperieren. Auf ein mit Backpapier belegtes Backblech ineinanderlaufend ausgießen. Vor dem Erstarren flächig mit den Mandeln und Fleur de Sel bestreuen. Fest werden lassen, in grobe Stücke brechen und in einer Schale servieren.

ROSA PFEFFER | LAVENDEL

300 g weiße Kuvertüre
10 g Rosa Pfefferbeeren
2 g Lavendelblüten
30 g Lavendelperlen kristallisiert

Die Kuvertüre im Wasserbad temperieren und auf ein mit Backpapier belegtes Backblech gießen. Vor dem Erstarren flächig mit Pfefferbeeren, Lavendelblüten und -perlen bestreuen. Fest werden lassen, in grobe Stücke brechen und in einer Schale servieren.

PISTAZIE

300 g dunkle Kuvertüre
50 g Pistazienkerne, grob gehackt

Die Kuvertüre im Wasserbad temperieren und auf ein mit Backpapier belegtes Backblech gießen. Vor dem Erstarren flächig mit den Pistazien bestreuen. Fest werden lassen, in grobe Stücke brechen und in einer Schale servieren.

HASELNUSS | WEINBEERE

300 g Milchkuvertüre
100 g Haselnusskerne, geröstet, Häutchen entfernt und grob gehackt
50 g helle Weinbeeren

Die Kuvertüre im Wasserbad temperieren und auf ein mit Backpapier belegtes Backblech gießen. Vor dem Erstarren flächig mit Haselnüssen und Weinbeeren bestreuen. Fest werden lassen, in grobe Stücke brechen und in einer Schale servieren.

FRUCHTGELEES

Fruchtgelees

– Ergibt je ca. 50 Stück –

Der Zubereitung ist bei allen Fruchtgelees gleich. Die fertig gekochte Geleemasse braucht mindestens 4 Stunden, um vollständig fest zu werden. Erst danach wird das Gelee nach Belieben in Quadrate oder Dreiecke geschnitten oder rund ausgestochen und die Stücke in zusätzlichem Zucker gewälzt.

BASISREZEPT FRUCHTGELEE

Fruchtpüree, -saft oder -mark
Pektinmischung (siehe unten)
Glukosesirup
Zucker
Zitronensäure 1 : 1 (siehe unten)
Rahmen (ca. 20 × 20 cm)

Je nach Rezept Fruchtpüree, -saft oder -mark aufkochen. Die Pektinmischung zugeben, dann bei konstantem Köcheln Glukosesirup und Zucker zufügen. Die Masse wieder zum Köcheln bringen und die Zitronensäure zugeben. Die Masse dann auf 106 °C erhitzen. Den Rahmen auf hitzebeständiges Backpapier stellen und die Masse hineingießen.
Die Oberfläche mit Zucker bestreuen und die Masse mind. 4 Stunden bei Raumtemperatur erstarren lassen. Das Gelee mit einem Messer oder Ausstecher in die gewünschte Form schneiden. Die Stücke vom Backpapier lösen und in Zucker wälzen.

PEKTINMISCHUNG

1 Teil Pectine Jaune
5 Teile Dextrose

Beide Zutaten vermischen.

ZITRONENSÄURE 1 : 1

1 Teil Zitronensäure
1 Teil Wasser

Beide Zutaten verrühren.

QUITTE

420 g Quittenmark
70 g Pektinmischung
100 g Glukosesirup
420 g Zucker
8 g Zitronensäure 1 : 1

Das Fruchtgelee wie im Basisrezept beschrieben zubereiten. In den Rahmen gießen und erstarren lassen. Dann schneiden.

CASSIS

400 g Cassispüree
20 g Cassislikör
65 g Pektinmischung
100 g Glukosesirup
420 g Zucker
7 g Zitronensäure 1 : 1

Das Fruchtgelee wie im Basisrezept beschrieben zubereiten. In den Rahmen gießen und erstarren lassen. Dann schneiden.

YUZU

50 g Yuzusaft
50 g Zitronensaft
300 g Wasser
70 g Pektinmischung
100 g Glukosesirup
420 g Zucker
8 g Zitronensäure 1 : 1

Das Fruchtgelee wie im Basisrezept beschrieben zubereiten. In den Rahmen gießen und erstarren lassen. Dann schneiden.

HIMBEERE

420 g Himbeermark
65 g Pektinmischung
100 g Glukosesirup
420 g Zucker
7 g Zitronensäure 1 : 1

Das Fruchtgelee wie im Basisrezept beschrieben zubereiten. In den Rahmen gießen und erstarren lassen. Dann schneiden.

ORANGE

400 g Orangensaft
70 g Pektinmischung
100 g Glukosesirup
420 g Zucker
8 g Zitronensäure 1 : 1

Das Fruchtgelee wie im Basisrezept beschrieben zubereiten. In den Rahmen gießen und erstarren lassen. Dann schneiden.

Pralinen im Glas

– Ergibt je 25–30 Stück –

FLEUR DE SEL | FISHERMAN'S FRIEND

400 g dunkle Kuvertüre
300 g Sahne
1 TL Fleur de Sel
1 Pck. Fisherman's Friend Salmiak, grob gehackt

300 g Kuvertüre grob hacken. Die Sahne aufkochen und kurz abkühlen lassen. Dann über die Kuvertüre gießen und alles zu einer homogenen Ganache verrühren. Die Ganache in 25–30 Schnapsgläser füllen und fest werden lassen.
Danach die restliche Kuvertüre (100 g) im Wasserbad temperieren und als 1–2 mm dicke Schicht auf die Ganache gießen. Vor dem Erstarren Fleur de Sel und Fisherman's Friend aufstreuen.

MARACUJA | SESAM

400 g weiße Kuvertüre
150 g Sahne
50 g Maracujamark
1 TL Maracuja, gefriergetrocknet
1 TL gerösteter schwarzer Sesam

300 g Kuvertüre grob hacken. Sahne und Maracujamark aufkochen und kurz abkühlen lassen. Dann über die Kuvertüre gießen und alles zu einer homogenen Ganache verrühren. Die Ganache in 25–30 Schnapsgläser füllen und fest werden lassen.
Danach die restliche Kuvertüre (100 g) im Wasserbad temperieren und als 1–2 mm dicke Schicht auf die Ganache gießen. Vor dem Erstarren gefriergetrocknete Maracuja und Sesam aufstreuen.

ERDNUSS | SALZKARAMELL

200 g Zucker
150 g kalte Butter
1 TL Fleur de Sel
380 g Sahne
300 g Milchkuvertüre
200 g Erdnussbutter
20 g Erdnusskerne, gesalzen und grob gehackt

Den Zucker in einem kleinen Topf karamellisieren. Nach und nach Butter und Fleur de Sel einrühren. 130 g Sahne zugießen und unter ständigem Rühren 2–3 Minuten köcheln lassen. Den Salzkaramell abkühlen lassen.
Die Kuvertüre grob hacken. Die restliche Sahne (250 g) aufkochen und kurz abkühlen lassen. Dann über die Kuvertüre gießen, die Erdnussbutter zugeben und alles zu einer homogenen Ganache verrühren. Die Ganache in 25–30 Schnapsgläser füllen und fest werden lassen.
Danach den Salzkaramell 2–3 mm dick daraufspritzen. Vor dem Erstarren die Erdnüsse aufstreuen.

BASISREZEPT BISKUIT

– Ergibt 1 Blech –

5 Eier
1 Prise Salz
100 g Zucker
Mark von 1 Vanilleschote
125 g Mehl

Die Eier trennen. Die Eiweiße mit Salz steif schlagen, dabei 50 g Zucker langsam einrieseln lassen. Die Eigelbe mit übrigem Zucker (50 g) und Vanillemark schaumig schlagen. Das Mehl daraufsieben und vorsichtig unterheben. Dann den Eischnee daraufgeben und vorsichtig unterheben.

Ein Backblech mit Backpapier belegen und die Masse gleichmäßig ca. 1 cm hoch daraufstreichen. Im vorgeheizten Backofen bei 180 °C Ober-/Unterhitze in ca. 12 Minuten goldbraun backen. Den Biskuit auf ein mit Zucker bestreutes Geschirrtuch stürzen und das Papier abziehen. Den Biskuit auskühlen lassen. Danach in 3 gleich breite Streifen schneiden.

Petits Fours

– Ergibt je 20–25 Stück –

SCHOKOLADE

40 g Kakaopulver
300 g dunkle Kuvertüre
300 g Sahne
50 ml Maracujamark
100 ml Grand Marnier
Dekoration (z. B. Himbeeren, Schokospäne, Blattgold, Fleur de Sel, kandierte Orange)

Bei dieser Variante beim Basisrezept Biskuit zusätzlich das Kakaopulver zum Mehl sieben. Dann wie beschrieben fortfahren.

200 g Kuvertüre grob hacken. Sahne und Maracujamark aufkochen und kurz abkühlen lassen. Dann über die Kuvertüre gießen und alles zu einer homogenen Ganache verrühren. Die restliche Kuvertüre (100 g) im Wasserbad temperieren.

Alle Biskuitstreifen mit Grand Marnier beträufeln. Dann 2 Streifen mit der Ganache bestreichen und aufeinandersetzen. Den dritten Streifen auflegen, sodass unten und oben Biskuit abschließt. Den geschichteten Biskuit in 3 cm große Würfel schneiden, eventuell überstehende Ränder begradigen. Die Würfel mit der temperierten Kuvertüre überziehen und nach Belieben dekorieren.

KOKOS

80 g Kokosraspel
250 g weiße Kuvertüre
150 ml Kokosmilch
100 ml Kokoslikör
Dekoration (z. B. Kokoschips, Schokospäne, gefriergetrocknete Mango, kandierte Ananas)

Bei dieser Variante beim Basisrezept Biskuit zusätzlich die Kokosraspel zum Mehl geben. Dann wie beschrieben fortfahren.

150 g Kuvertüre grob hacken und mit der Kokosmilch im Wasserbad schmelzen lassen. Die restliche Kuvertüre (100 g) im Wasserbad temperieren.

Alle Biskuitstreifen mit Kokoslikör beträufeln. Dann 2 Streifen mit der Kokos-Schoko-Creme bestreichen und aufeinandersetzen. Den dritten Streifen auflegen, sodass unten und oben Biskuit abschließt. Den geschichteten Biskuit in 3 cm große Würfel schneiden, eventuell überstehende Ränder begradigen. Die Würfel mit der temperierten Kuvertüre überziehen und nach Belieben dekorieren.

SANDDORN

100 g Milchkuvertüre
100 ml Ahornsirup
50 ml Olivenöl
150 g Sanddorngelee
Dekoration (z. B. grüne Pistazien, Schokospäne, kandierte Oliven, Erdbeeren)

Die Kuvertüre im Wasserbad temperieren. Alle Biskuitstreifen mit Ahornsirup und Olivenöl beträufeln. Dann 2 Streifen mit dem Sanddorngelee bestreichen und aufeinandersetzen. Den dritten Streifen auflegen, sodass unten und oben Biskuit abschließt. Den geschichteten Biskuit in 3 cm große Würfel schneiden, eventuell überstehende Ränder begradigen. Die Würfel mit der temperierten Kuvertüre überziehen und nach Belieben dekorieren.

Ice Popsicles

– Ergibt je ca. 8 Stück –

Alle Popsicles können nach Lust und Laune überzogen und dekoriert werden. Dafür benötigt man temperierte Kuvertüre und Toppings wie gehackte Nüsse, Knallbrause, Schokospäne, gefriergetrocknete Früchte, Krokant, Zuckerperlen, kandierte Zitruszesten …

ERDBEERE

- 200 g Erdbeerpüree aus frischen Erdbeeren
- 70 g Zucker
- Saft von 1 Zitrone
- 250 g griechischer Joghurt
- 30 g Kondensmilch

Das Erdbeerpüree mit Zucker und Zitronensaft vermischen. Dann die restlichen Zutaten einrühren.

Die Mischung in Popsicle-Eisformen füllen, die Stiele hineinstecken und mind. 4 Stunden im Tiefkühlgerät durchfrieren lassen. Danach aus den Formen lösen, in die gewählte Kuvertüre dippen und nach Belieben dekorieren.

LIMETTE

- Saft und Abrieb von 2 Bio-Limetten
- 70 g Roh-Rohrzucker
- 100 ml Wasser
- 1 Salatgurke
- 2 Stängel Minze, abgezupft

Limettensaft, Zucker und Wasser aufkochen und abkühlen lassen. Von der Gurke 8 dünne Scheiben abschneiden und beiseitelegen, die restliche Gurke entsaften. Gurkensaft und Limettenabrieb zum Limetten-Zucker-Wasser geben.

Die Mischung in Popsicle-Eisformen füllen, je 1 Gurkenscheibe und 1 Minzeblatt zugeben. Die Stiele hineinstecken und mind. 4 Stunden im Tiefkühlgerät durchfrieren lassen. Danach aus den Formen lösen, in die gewählte Kuvertüre dippen und nach Belieben dekorieren.

KAKAO

- 500 ml Kokosmilch
- 50 g dunkle Kuvertüre
- 30 g Kakaopulver
- 100 g Ahornsirup
- 30 ml Olivenöl

Die Kokosmilch in einem Topf erwärmen. Die Kuvertüre grob hacken und darin schmelzen lassen. Kakaopulver, Ahornsirup und Öl zugeben und mit dem Stabmixer gut vermischen.

Die Mischung in Popsicle-Eisformen füllen, die Stiele hineinstecken und mind. 4 Stunden im Tiefkühlgerät durchfrieren lassen. Danach aus den Formen lösen, in die gewählte Kuvertüre dippen und nach Belieben dekorieren.

FÜNF ANLÄSSE, UM ZU FEIERN UND ZU GENIESSEN

Allgemein

Ein Fingerfood-Büfett für eine Party ist immer eine gute Gelegenheit, alle Gäste geschmacklich zu begeistern. Das gilt nicht erst seit heute, sondern hat schon Tradition seit dem Alten Testament: Kurz nach der Vertreibung aus dem Paradies soll die Mutter des Propheten Abraham ein wunderbares Gericht erfunden haben, als sie nichts anderes vorfand als Kräuter, Gewürze und zu Bulgur verarbeiteten Weizen. Aus diesen Zutaten wird sie die Welt des Geschmacks erfinden und das Paradies geschmacklich erfahrbar werden lassen. Ob sie dazu auch Fleisch verwendet hat, ist umstritten, aber ebenso wahrscheinlich wie das Gegenteil. Die Bibel ist, wie die Welt des Geschmacks, voller Wunder. Gleich ob vegan, vegetarisch oder doch mit Fisch oder Fleisch: Die hier versammelten Gerichte vereinen alle Gäste genussvoll an einem Tisch. Ganz auf den Anlass bezogen: Das Paradies auf Erden in fünf Varianten, die auf ganz persönliche Art gerne ergänzt und variiert werden können.

Praktisch

Wie stellt man ein Fingerfood-Büfett am besten zusammen? Ganz einfach, indem man folgende Fragen für sich beantwortet: Was ist der Anlass? Eher leger oder eher festlich? Welches Zeitfenster soll bespielt werden? Ein kurzes wie auf einem Empfang oder eine lange Zeitspanne wie auf einer zünftigen Party? Natürlich sollte man die Zusammenstellung der Gerichte und die Jahreszeiten mit ihren Temperaturen und frischen Lebensmitteln berücksichtigen. Entscheidend ist ebenso die Zusammenstellung der Gäste. Hier sollte man nach Anlass, Altersstruktur und den Vorlieben der Gäste Vorbereitungen treffen. Einfacher Empfang? Lockerer Geburtstag? Legere Sommerparty? Glänzende Hochzeit oder festliche Gala? Fingerfood bietet für alle Gelegenheiten die beste Vorlage, um die Gäste auf den Geschmack zu bringen und für Begeisterung zu sorgen.

EMPFANG

Der Empfang ist der schwindende und doch präsente Vermittler des Übergangs zwischen Anreise und Veranstaltungsbeginn. Zeit der Ankunft, des Sammelns und der Erfrischung. Hier gibt ein klar definiertes Zeitfenster den Rahmen vor. Das Essen ist nicht der Hauptdarsteller, sondern Anregung und aromatischer Gaumenkitzler.

1. GARNELE | CHIPOTLE-MAYO › **S. 78**
2. DICKE BOHNEN | ROTE ZWIEBEL | HIMBEERE › **S. 87**
3. CHORIZO | GETROCKNETE TOMATEN | PINIENKERNE › **S. 105**
4. SÜSSKARTOFFEL | GEFLÄMMTER MAIS | ERDNUSS › **S. 98**
5. GRISSINI | PROSCIUTTO DI PARMA › **S. 71**
6. KRÄUTERQUARK | ROSA PFEFFER › **S. 58**
7. KALBSSCHNITZEL | BROTKNUSPER | PREISELBEEREN › **S. 92**
8. GRÜNER SPARGEL | ROMESCO › **S. 72**
9. SCHAFSKÄSE | KÜRBIS | APRIKOSE › **S. 58**
10. MAISPOULARDE | ZUCKERERBSE › **S. 75**
11. BEIZLACHS | WASABI › **S. 39**

GEBURTSTAG

Dieses Büfett könnte locker einen ganzen Abend füllen. Hier ist das Snacken angesagt. Das Zeitfenster ist geräumig: Wenn die ersten Gäste gehen, kommen noch lange nicht die letzten. Begleitend könnte da noch ein Topf mit Nudeln oder Suppe auf dem Herd stehen. Der Tag wird ereignisreich, der Abend lang.

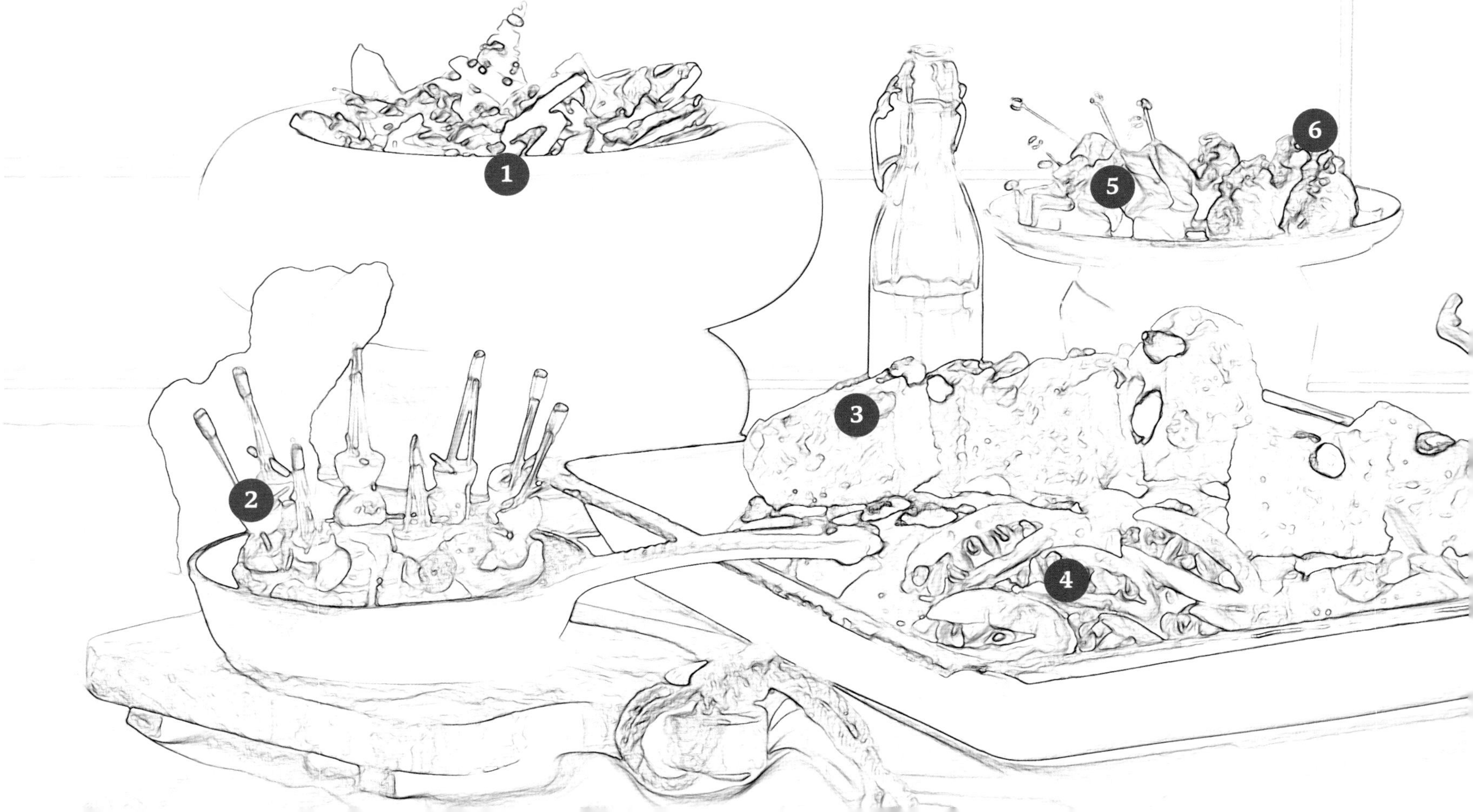

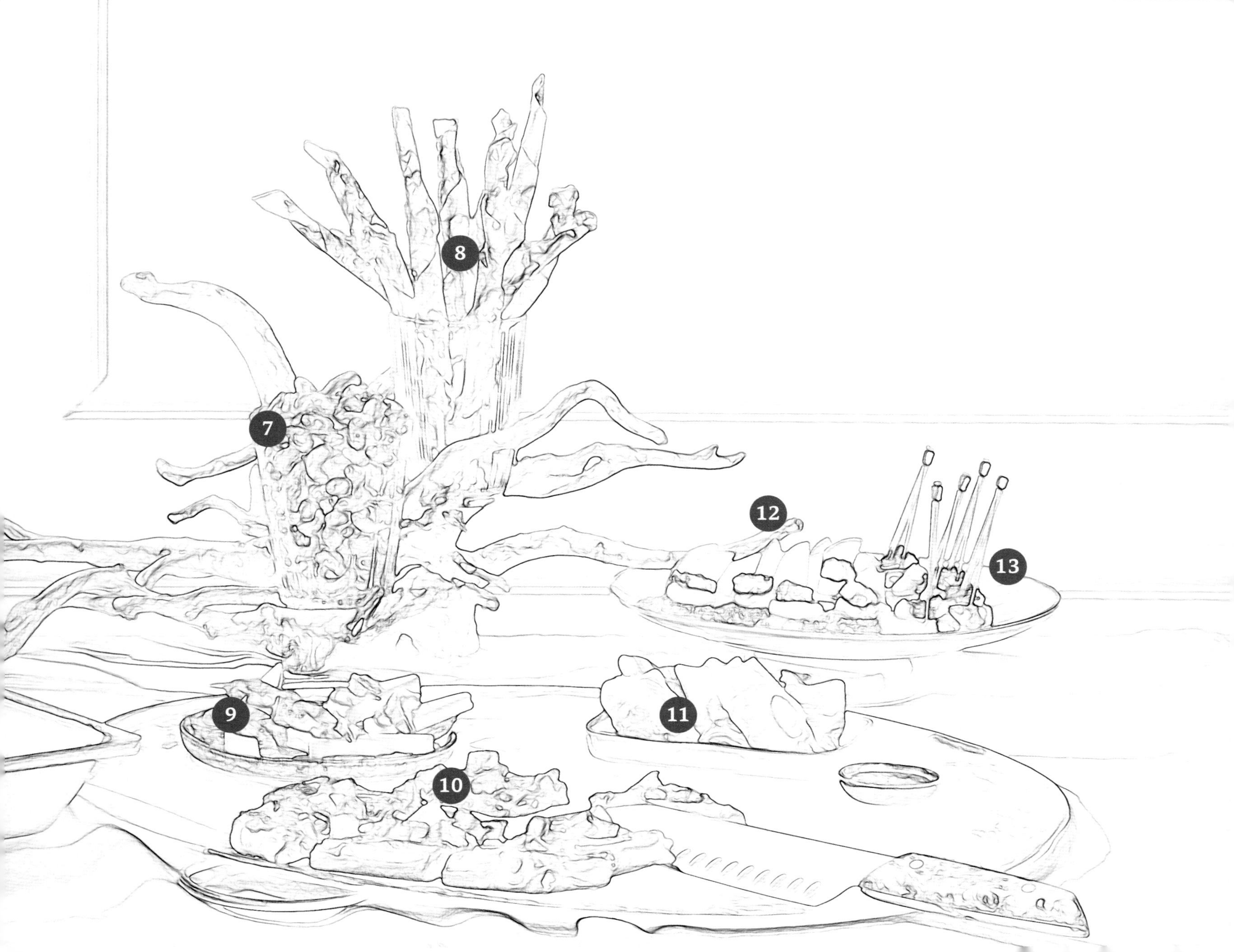

8
7
12
13
9
11
10

SOMMERFEST

Erfrischend. Leicht. Abwechslungsreich. Kräuter, Salate, Gemüse und Früchte finden sich hier in Fülle und Frische. Selbstbewusst werden Brot und Yufka serviert. Crêpes mit Chili, Johannisbeere und Pistazie sorgen für aromatische Überraschung und öffnen das Interesse für all die anderen Anregungen, die sich hier versammelt haben. Und was wäre ein Sommer ohne Eis? Wir wollen gar nicht erst darüber nachdenken.

13
16
8
9
10
14
11
12
15

HOCHZEIT

Wie der Anlass so das Büfett: Hier stehen das Glück und die Vermählung im Mittelpunkt. Dabei ist Ausgewogenheit Trumpf: Denn alle, gleich ob jung oder jung geblieben, sollen Bekanntes erkennen und Lust bekommen, Neues zu entdecken. Die Auswahl? Passend zum Anlass: Anregend. Vielseitig. Aromatisch.

1. MANGO | SUMACH › **S. 170**
2. ERDNUSS | SALZKARAMELL › **S. 179**
3. CAKE POPS › **S. 167**
4. PAPRIKA | ROSINEN | KAPERN › **S. 72**
5. TOMATE | BURRATA | BASILIKUM › **S. 97**
6. TUNA TATAKI | SHISO | SOJALACK › **S. 131**
7. ERBSEN-PANCAKE | ZIEGENKÄSE | MINZE › **S. 137**
8. GARNELE | MANGO | CHILI › **S. 102**
9. GURKENSHOT | KRÄUTERBOUQUET | KAMILLE › **S. 158**
10. SCHAFSKÄSE | GRANATAPFEL | PISTAZIE › **S. 120**
11. RINDFLEISCH | APRIKOSE | GURKE › **S. 87**
12. RINDERFILET | SPARGEL | ESTRAGON › **S. 91**
13. ZUCCHINI | MANDEL-DIP | ZITRONENPFEFFER › **S. 137**
14. RAUCHLACHS | WASABI › **S. 81**
15. LAMMRÜCKEN | TERIYAKISAUCE | GEGRILLTE PFLAUME › **S. 149**

GALA

Einmalig. Außergewöhnlich. Alles außer alltäglich. Die Gala ist ganz einfach das Besondere. Und dabei nimmt auch das Essen einen besonderen Platz ein und wird zum Blickpunkt eines rauschenden Festes. Auswahl und Geschmack werden hier ganz groß geschrieben. Das Einfache vermählt sich mit dem Anspruchsvollen zum Einmaligen – ein Fest für Sinne und Gaumen.

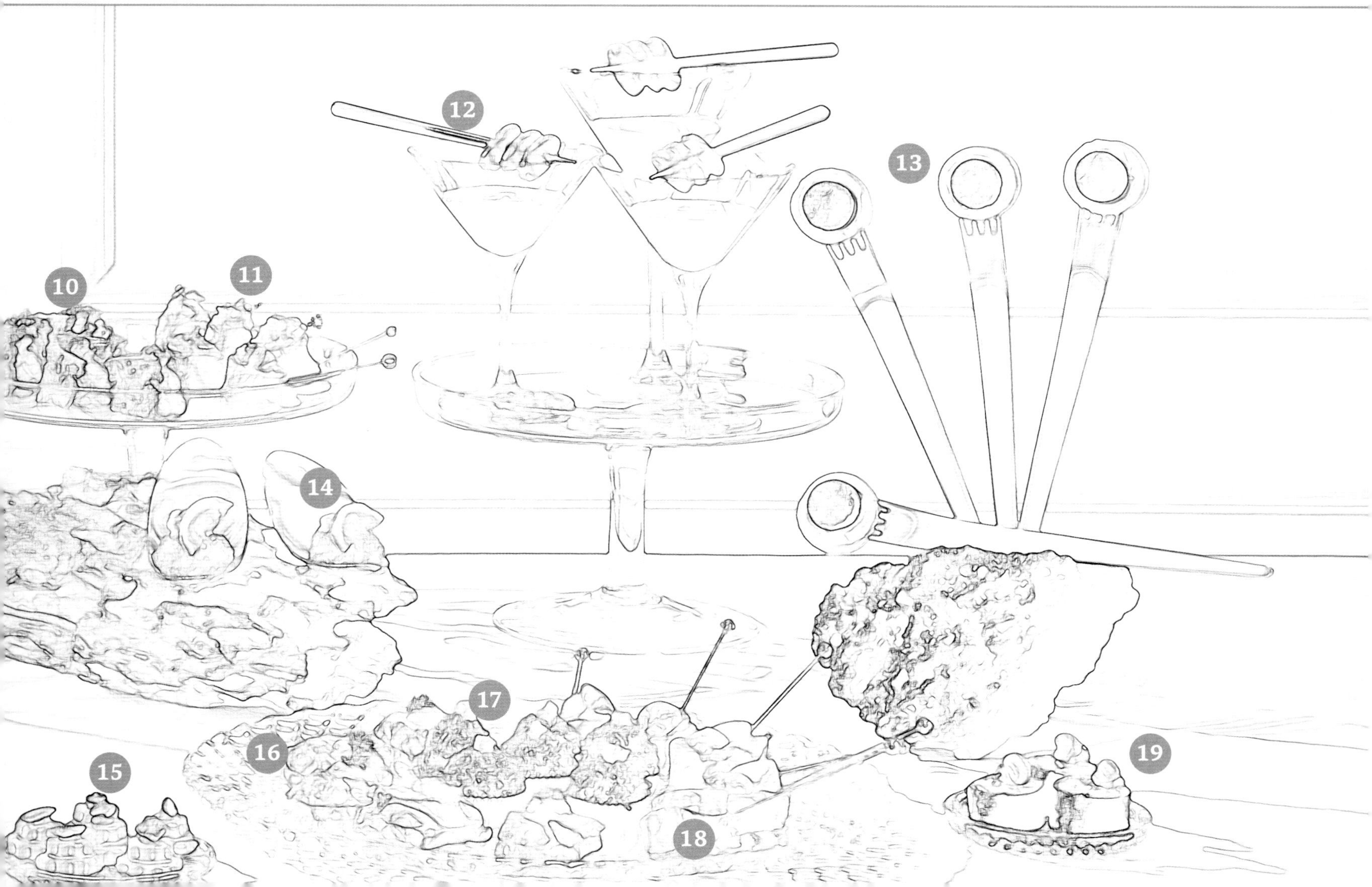

12
13
10
11
14
17
16
15
19
18

DAILY BUSINESS DES CATERINGS

MISE EN PLACE

LOGISTIK & TRANSPORT

ALLES AM START?

LOS GEHT'S!

DER LETZTE SCHLIFF

VEGGIE
VEGGIE

RAUM

GENUSS

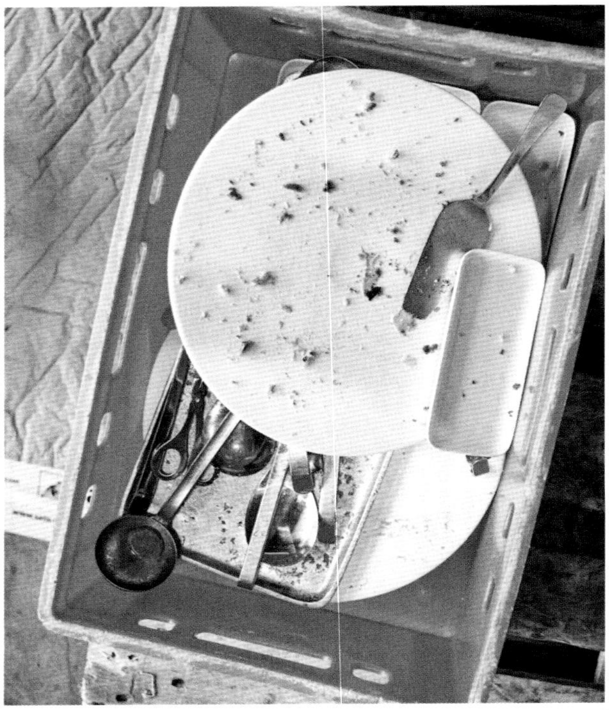

WAS BLEIBT

ALASKA SEAFOOD

DANKE

Mein herzlichster Dank gilt:

- Heiko Antoniewicz für den Impuls zu diesem Buch und das schöne Vorwort
- Stefan Marquard für die beste Ausbildung, die man sich wünschen kann
- Wolfgang Pade für den Feinschliff
- Lucki Maurer für die Freundschaft und den kreativen Austausch
- Kirberg Catering mit Jutta Kirberg, Thomas Lehmann & Jochen Hackmann für den Support
  Jonas Brandt & das komplette Küchenteam, Alex, Foxi, Andi, Gabriel, Maksim, Yasemin, Milorad, Albina und Ieva für die tollen Vorbereitungen und den Freiraum für dieses Buch
- Baschi für die Unterstützung im Büro und bei den Rezepten
- Lukas und Oskar für einfach alles!
- Bruni Thiemeyer und dem gesamten Team des Matthaes Verlags für das Vertrauen und die Unterstützung
- Thorsten kleine Holthaus und Ralf Grothe für die großartigen Bilder
- Jeanne van Stuyvenberg für das stimmige Design des Buches
- Petra Teetz für den genauen Blick auf die Texte
- und last but not least Nikolai Wojtko für die gemeinsame Arbeit am Buch

Ein ganz besonderer Dank gilt meinen Partner, die das Buchprojekt unterstützt haben:

- Maple Canada, Maria Kraus, Marion Bartelt-Simon, mk² gmbh
- Alaska Seafood, Maria Kraus, Jens Hombeck, mk² gmbh
- Friedr. Dick, Klaus Meier & Melinda Dreizler
- Bernhard Möllers GmbH & Co. KG, Till Middendorf & Daniel Reinhardt
- ASA, Anke Camps
- Mono GmbH, Johannes Seibel & Carmen Fabis
- OTTO Gourmet, Wolfgang Otto
- Kochstoff, Grischa Euler
- Abels Früchtewelt, Nico Gaude & Stefan Bönnighausen
- BosFood, Ralf & Saskia Bos

DIE KREATIVEN

Volker Beuchert, Geschäftsführer und Gesellschafter bei Kirberg Catering. Er ist Koch voller Leidenschaft und F&B Betriebswirt mit Weitblick. Seine Erfahrungen aus der Spitzengastronomie verleihen seinen Arbeiten im Catering ein einzigartiges Niveau: Innovativ. Auf den Punkt. Voller Geschmack. Perfekte Planung und Logistik gepaart mit herausragender Kochkunst sorgen für genussvolle Momente, die schöne Erinnerungen schaffen. Ganz egal wo.

Nikolai Wojtko, geboren 1967, Dr. phil., Lehrtätigkeit als Medienwissenschaftler an verschiedenen Universitäten. Lebt als freier Autor und Gastrosoph in Köln, schreibt Beiträge für Fachzeitschriften und Onlinemagazine, hält Vorträge und Seminare und arbeitet als Moderator. In Zusammenarbeit mit engagierten Köchen gibt er das Onlinemagazin für Gastrosophie »www.tartuffel.de« heraus. Die in Zusammenarbeit mit Spitzenköchen erschienenen Kochbücher erhielten zahlreiche Auszeichnungen. Gemeinsam mit seinem Freund und Kompagnon Irmin Wiechmann moderiert er »Der gastrosophische Podcast«.

Foodfotografie ist für **Thorsten kleine Holthaus** Leidenschaft und Expertise zugleich. Seine Arbeiten finden begeisterten Anklang in der gehobenen Gastronomie, Industrie und Werbung zugleich. Denn er versteht es, anhand der Wünsche seiner Kunden jeweils die richtige Bildsprache zu entwickeln. Bereits seine Diplomarbeit über die Verbindung von Essen und Wissenschaft wurde mit dem reddot design award ausgezeichnet und für den Designpreis der Bundesrepublik Deutschland nominiert. Zahlreiche Preise folgten. Kein Wunder, zählen seine Arbeiten doch zu den interessanten der Branche.

Albina Konokhova

Milorad Mickovic

Ieva Schulz

Maksim Kusnezow

Ralf Grothe

REZEPTREGISTER

FLEISCH

FISCH & MEERESFRÜCHTE

VEGETARISCH

Süßes

VEGAN

Süßes

FREI VON LAKTOSEHALTIGEN LEBENSMITTELN

Süßes

FREI VON GLUTENHALTIGEN LEBENSMITTELN

Süßes

IMPRESSUM

MATTHAES

Ein Imprint der Dorling Kindersley Verlag GmbH

Ein Unternehmen der Penguin Random House Group

Rezepte und Foodstyling	Volker Beuchert
Texte	Dr. Nikolai Wojtko
Fotografie	Thorsten kleine Holthaus
Grafische Gestaltung und Producing	die basis, Jeanne van Stuyvenberg
Lektorat	Petra Teetz
Projektbetreuung	Bruni Thiemeyer
Druck und Bindung	Finidr, s.r.o., Tschechien

MIX
Papier | Fördert gute Waldnutzung
FSC® C014138

ISBN 978-3-98541-069-9
5902-970746-23523-01
www.dk-verlag.de

Hinweis
Die im Buch veröffentlichten Texte und Rezepte wurden mit größter Sorgfalt von dem Verfasser und dem Verlag erarbeitet und geprüft. Eine Garantie kann jedoch nicht übernommen werden. Ebenso ist die Haftung der Verfasser und/oder des Verlags und seiner Beauftragten für Personen-, Sach- und Vermögensschäden ausgeschlossen.